NEUF HISTOIRES ET UN POÈME

DU MÊME AUTEUR

Les Vitamines du bonheur
Mazarine, 1985
Livre de poche, « Biblio », n° 3120

Parlez-moi d'amour
Mazarine, 1986
Livre de poche, « Biblio », n° 3137

Tais-toi, je t'en prie
Mazarine, 1987
Livre de poche, « Biblio », n° 3160

Les Trois Roses jaunes
Payot, 1989
Gallimard, « Folio », n° 2138

Les Feux
L'Olivier, 1991
Seuil, « Points Roman », n° R 580

N'en faites pas une histoire
L'Olivier, 1994
Seuil, « Points », n° P 227

Là où les eaux se mêlent
L'Incertain, 1993
« 10/18 », n° 2607

PETITE BIBLIOTHEQUE AMERICAINE

Raymond Carver

NEUF HISTOIRES ET UN POÈME

Éditions de l'Olivier

Titre original :
Short Cuts

ISBN 2-87929-101-1

Cet ouvrage a été publié chez Vintage Books, 1993.

De l'autre côté du palier

Bill et Arlène Miller formaient un couple heureux. Mais ils avaient parfois l'impression d'être passés à côté de quelque chose, qu'eux seuls avaient manqué, parmi leurs relations et amis. C'était comme s'ils avaient raté le coche ; Bill demeurait rivé à ses devoirs de comptable, Arlène à ses travaux de secrétaire. Il leur arrivait d'évoquer ce problème, le plus souvent en comparant leur vie à celle de leurs voisins Harris et Jim Stone. Il semblait aux Miller que les Stone menaient une existence plus pleine et plus brillante. Ils dînaient tout le temps en ville, invitaient des gens chez eux, parcouraient le pays lors de voyages qui avaient un vague rapport avec le travail de Jim.

Les Stone habitaient sur le même palier que les Miller. Jim était représentant pour une entreprise de pièces détachées, ce qui lui permettait fréquemment de concilier les affaires et les plaisirs du vagabondage. Ainsi l'occasion se présenta-t-elle, une fois, de partir pour dix jours. Les Stone iraient d'abord à Cheyenne, puis à Saint-Louis rendre visite à des parents. Durant leur absence, les Miller se chargeraient de leur appartement, nourriraient la minette et arroseraient les plantes.

Un matin, Bill et Jim se serrèrent la main à côté de la voiture, tandis qu'Arlène et Harriet, se tenant mutuellement par les coudes, échangeaient de légers baisers sur les lèvres.

— Amusez-vous bien, dit Bill à Harriett.

— Nous n'y manquerons pas, répondit-elle. Mais vous aussi, mes petits, payez-vous du bon temps.

Arlène hocha la tête.

Jim lui cligna de l'œil et lui lança :

— Ciao, Arlène ! Prends soin de ton homme !

— Tu peux compter dessus, promit Arlène.

— Amusez-vous bien, répéta Bill.

— Ça, tu peux nous faire confiance, affirma Jim en frappant pour rire le bras de Bill. Et encore merci, les amis !

Les Stone agitèrent la main, en signe d'adieu, tandis que les Miller les imitaient.

— Que j'aimerais que nous soyons à leur place ! soupira Bill.

— Dieu sait que nous avons besoin de vacances, ajouta Arlène en le prenant par la taille pour monter l'escalier qui conduisait à leur appartement.

Après le dîner, Arlène dit :

— N'oublie pas : la première nuit la minette a droit à sa boîte de foies de volaille.

Debout sur le seuil de la cuisine, elle repliait la nappe brodée à la main que, l'année dernière, Harriett lui avait rapportée de Santa Fe.

En entrant dans l'appartement des Stone, Bill respira profondément. L'air lui parut pesant et d'une douceur suspecte. Au-dessus de la télévision, la pendule solaire indiquait huit heures et demie. Bill se souvenait du jour où Harriet l'avait apportée. Il revoyait la jeune femme traversant le palier pour montrer l'objet à Arlène, ce boîtier de cuivre qu'elle tenait au creux de son bras et auquel elle parlait comme à un bébé, à travers le papier de soie.

La minette se frotta la tête contre les pantoufles de Bill, puis se tourna de l'autre côté. Mais elle s'empressa de bondir lorsque Bill se dirigea vers la cuisine où il choisit une boîte parmi la pile entassée sur l'égouttoir étincelant. Laissant le chat déguster sa pâtée, il se dirigea vers la salle de bains. Il se regarda dans le miroir, ferma les yeux, les rouvrit, inspecta ensuite le contenu de l'armoire à pharmacie. Il y trouva un tube de pilules dont l'étiquette indiquait : « *Harriet Stone. Une par jour, selon la prescription.* » Bill glissa le tube dans sa poche et retourna à la cuisine où il ouvrit le coffret à liqueurs. Dans le fond, il trouva une bouteille de Chivas Regal dont il but deux rasades. Il s'essuya les lèvres avec sa manche et remit la bouteille à sa place.

La minette dormait sur le divan. Billy éteignit les lumières, ferma doucement la porte, vérifia que la serrure fonctionnait bien. Il avait l'impression d'avoir laissé quelque chose dans l'appartement.

— Qu'est-ce qui t'a retenu si longtemps ? lui

demanda Arlène qui regardait la télé, assise, les jambes repliées sous elle.

— Rien. J'ai joué avec la minette.

Il se pencha sur sa femme et lui effleura les seins.

— Allons-nous coucher, ma chérie, ajouta-t-il.

Le lendemain, Bill écourta de dix minutes les vingt minutes de pause accordées l'après-midi, ce qui lui permit de sortir à cinq heures moins le quart. Il rangeait la voiture dans le parking de l'immeuble juste au moment où Arlène descendait du bus. Il attendit qu'elle fût entrée, puis monta quatre à quatre les escaliers pour la rejoindre au moment même où elle surgissait de l'ascenseur.

— Bill ! s'exclama-t-elle. Bon Dieu, ce que tu m'as fait peur ! Tu es en avance.

Il haussa les épaules et marmonna :

— Il n'y avait rien à faire au bureau.

Elle lui tendit sa propre clé pour ouvrir la porte mais avant de la suivre chez eux, il jeta un coup d'œil à la porte située de l'autre côté du palier.

— Allons nous coucher, proposa-t-il.

Arlène éclata de rire.

— Maintenant ? Qu'est-ce qui te prend ?

— Rien. Retire ta robe.

Il la saisit maladroitement à mi-corps tandis qu'elle protestait.

— Bon sang, Bill !

Il défit le ceinturon de son pantalon.

Plus tard, ils commandèrent par téléphone un repas

chinois et lorsque les plats arrivèrent, ils les dévorèrent en écoutant des disques.

— Il ne faut pas oublier de nourrir la minette, recommanda-t-elle.

— J'y pensais justement, dit Bill. J'y vais de ce pas.

Il choisit une pâtée à base de poisson, remplit à nouveau la cruche et s'en alla arroser. Quand il revint à la cuisine, la chatte grattait dans sa caisse. Elle le fixa longuement avant de retourner à sa litière. Bill ouvrit les placards, passa en revue les boîtes de conserve, les flocons d'avoine, les produits d'épicerie, les verres à vin et à cocktail, la porcelaine, les casseroles et les plats. Il examina le contenu du frigo, renifla les céleris, mordit deux bouchées dans un morceau de chester et prit une pomme qu'il mâcha en se dirigeant vers la chambre à coucher. Le lit lui parut énorme sous un couvre-lit bouffant et neigeux qui descendait jusqu'au sol. Bill inspecta le tiroir d'une table de nuit, y découvrit un paquet de cigarettes à moitié vide, qu'il glissa dans sa poche. Ensuite, il marcha vers les armoires. Il les ouvrait lorsque des coups résonnèrent à la porte d'entrée.

Sur son chemin vers le seuil, il s'arrêta dans la salle de bains et tira la chasse.

— Qu'est-ce que tu fabriquais ? lui demanda Arlène. Tu es ici depuis plus d'une heure.

— Vraiment ?

— Oui, je t'assure.

— Je devais aller aux toilettes.

— Il y a des toilettes chez nous.

— Ça ne pouvait pas attendre.

Et cette nuit, ils firent à nouveau l'amour.

Le lendemain matin, il chargea Arlène de le décommander à son bureau. Il prit sa douche, s'habilla et se prépara un léger déjeuner. Ensuite, il essaya de lire un livre. Puis il alla se promener et se sentit mieux. Mais au bout d'un moment, les mains dans les poches, il regagna son appartement. Il s'arrêta devant la porte des Stone, dans l'espoir d'entendre bouger le chat. L'instant d'après, il ouvrit sa propre porte et se rendit tout droit à la cuisine y prendre les clés des voisins.

Il lui sembla que chez eux il faisait plus frais que chez lui, plus sombre aussi. Il se demanda si les plantes vertes n'influençaient pas la température de l'air. Il regarda par la fenêtre avant de circuler lentement d'une pièce à l'autre, étudiant avec soin tout ce qui lui tombait sous les yeux, attentif à chaque objet. Il examina les cendriers, les meubles, les ustensiles de cuisine, la pendule. Il passa tout en revue. Pour finir, il entra dans la chambre à coucher et la chatte surgit à ses pieds. Il lui donna une caresse et la porta dans la salle de bains dont il referma la porte.

Il s'étendit sur le lit et fixa le plafond. Il demeura ainsi un bon moment, les paupières closes, puis sa main glissa sous sa ceinture. Il essaya de se rappeler quel jour on était et quel jour les Stone devaient revenir, puis il se demanda s'ils reviendraient jamais. Il ne parvenait pas à se souvenir de leurs visages ni de leur façon de parler et de s'habiller. Il soupira et roula laborieusement hors du lit. Penché sur la coiffeuse, il se regarda dans la glace.

Ensuite, il ouvrit l'armoire et y choisit une chemise hawaiienne. Il fouilla jusqu'à ce qu'il trouve des bermudas, repassés de frais, qui pendaient au-dessus de pantalons de tussor brun. Il se dépouilla de ses vêtements, enfila le short et la chemise. Après un nouveau coup d'œil au miroir, il retourna au salon où il se versa un verre de whisky. Il le buvait à petites gorgées en regagnant la chambre à coucher. Cette fois, il revêtit une chemise bleue, un costume marine, une cravate bleue et blanche et des mocassins noirs, incrustés de blanc à la pointe. Son verre étant vide, il repartit le remplir.

Revenu dans la chambre à coucher, il s'assit sur une chaise, se croisa les jambes et sourit à l'image qu'il voyait dans la glace. Le téléphone sonna deux fois puis se tut. Bill finit son verre, retira son costume et chercha dans les tiroirs du haut de la commode jusqu'à ce qu'il mît la main sur une petite culotte de dame et un soutien-gorge. Il enfila le slip, attacha le soutien-gorge et inspecta les robes dans l'armoire. Il se décida pour une jupe en pied de poule noir et blanc dont il essaya de remonter la fermeture Eclair. Il choisit ensuite un chemisier bordeaux qui se boutonnait devant. Il réfléchit au problème que posaient les escarpins ; force était de reconnaître qu'il ne pouvait en porter aucun. Longtemps, il s'attarda dans le salon, derrière la fenêtre, regardant dehors par la fente du rideau. Pour finir, il revint dans la chambre à coucher et retira tous les habits d'emprunt.

Il n'avait pas faim. Arlène ne mangeait guère non plus. Ils échangeaient des regards timides et des demi-sourires. Elle se leva de table, vérifia si la clé se trouvait bien sur l'étagère et se hâta de ramasser plats et assiettes.

Tout en fumant une cigarette sur le seuil de la cuisine, il l'observait et la vit prendre la clé.

— Repose-toi pendant que je vais jeter un coup d'œil chez eux, lui dit-elle. Lis les journaux ou fais ce que tu veux.

Ses doigts se serrèrent sur la clé. Elle ajouta qu'il lui paraissait fatigué.

Il essaya de s'intéresser aux nouvelles du jour. Il parcourut le journal et alluma la télé. A la fin, il traversa le palier. La porte d'en face était fermée à clé.

— C'est moi, cria-t-il. Tu es encore là, ma chérie ?

Au bout d'un moment Arlène sortit et referma la porte.

— Je me suis absentée si longtemps ? demanda-t-elle.

— Ah oui, alors, dit-il.

Plus il la dévisageait, plus elle fuyait son regard sans que sa main lâchât la poignée de la porte.

— C'est drôle, murmura-t-elle. Oui, tu sais, c'est drôle d'aller comme ça chez les gens.

Il hocha la tête, lui détacha les doigts de la poignée et la guida vers leur propre appartement.

— Pour ça oui, c'est drôle, dit-il.

Il remarqua que quelques fils blancs étaient accrochés au dos de son chandail et qu'elle avait les joues un peu trop rouges. Il se mit à l'embrasser dans le cou, sur les cheveux et elle se détourna pour lui rendre ses baisers.

— Oh et puis zut ! lança-t-elle. Zut et rezut ! (Elle chantonnait, battant des mains comme une petite fille.) Je m'en souviens seulement maintenant... J'ai complètement oublié ce que j'étais venue faire. Je n'ai pas nourri la minette ni arrosé les plantes. A-t-on jamais vu une idiote pareille ?

— Mais non, dit-il, tu n'es pas idiote. Attends une minute. Je cours chercher mes cigarettes et j'y retourne avec toi.

Elle attendit donc pendant qu'il refermait et verrouillait leur propre porte, puis elle l'agrippa par le bras, à hauteur de biceps et lui confia :

— Je crois qu'il faut que je te dise quelque chose... j'ai trouvé des photos.

Il s'arrêta au milieu du palier.

— Quelles photos ? Quel genre ?

— Tu n'as qu'à juger par toi-même, dit-elle en guettant sa réaction.

— Sans blague, ricana-t-il. Et où ça ?

— Dans un tiroir.

— Sans blague, répéta-t-il.

— Peut-être qu'ils ne reviendront pas, murmura-t-elle à sa propre surprise.

— Ça se pourrait. Tout pourrait arriver.

— Ou peut-être qu'ils reviendront et que... mais elle n'acheva pas sa phrase.

Main dans la main ils franchirent le bref espace du palier. Lorsqu'il parla, sa voix était si sourde qu'elle l'entendit à peine.

— La clé, dit-il. Donne-moi la clé.

— Quoi ? fit-elle, les yeux fixés sur la porte.

— La clé. C'est toi qui as la clé.

— Bon Dieu, je l'ai laissée à l'intérieur !

Il essaya de tourner la poignée mais elle était bloquée. Arlène à son tour s'efforça en vain d'ouvrir. Ses lèvres s'arrondirent, elle avait peine à respirer, elle haletait. Bill écarta les bras et elle se blottit contre lui.

— Ne t'en fais pas, lui chuchota-t-il à l'oreille. Pour l'amour du ciel, ne te fais pas de mauvais sang !

Ils demeurèrent ainsi, cramponnés l'un à l'autre, appuyés contre la porte comme contre le vent, se prodiguant aide et assistance réciproques.

Traduction : Gabrielle Rolin

Ils t'ont pas épousée

Earl Ober, représentant de son métier, était momentanément sans emploi mais Doreen, sa femme, avait trouvé une place de serveuse dans l'équipe du soir d'une cafétéria des faubourgs où l'on pratiquait les trois-huit. Un soir qu'il buvait, Earl décida de passer à la cafétéria pour manger un morceau. Il voulait voir l'endroit où Doreen travaillait, voir aussi s'il pourrait s'envoyer quelque chose aux frais de la princesse.

Il s'installa au comptoir et étudia la carte.

— Tiens, qu'est-ce que tu fais là ? dit Doreen en l'apercevant.

Elle fit passer une commande au cuistot.

— Qu'est-ce que tu vas prendre, Earl ? dit-elle. Comment vont les enfants ?

— Ils vont bien, dit Earl. Donne-moi un café et un de ces sandwichs « numéro deux ».

Doreen nota cela sur son carnet.

— Il n'y a pas moyen de... tu vois ? fit Earl en lui adressant un clin d'œil.

— Non, dit-elle. Me parle pas maintenant, j'ai à faire.

Earl but son café en attendant le sandwich. Deux types en complet-veston, le col ouvert et la cravate desserrée, s'assirent à côté de lui et demandèrent du café. Au moment où Doreen s'éloignait, la cafetière à la main, l'un des deux types s'exclama :

— Vise-moi un peu cette paire de miches ! C'est pas croyable !

L'autre se mit à rire.

— J'ai vu mieux, fit-il.

— C'est ce que je voulais dire, dit le premier. Mais t'as des gars, ils aiment leurs chagattes bien grasses.

— Pas moi, dit l'autre.

— Moi non plus, dit le premier. C'est ce que je te disais.

Doreen servit son sandwich à Earl. Il était entouré d'une garniture de frites, de coleslaw et de concombres aigres-doux.

— Tu veux autre chose ? dit-elle. Un verre de lait ?

Il ne dit rien et, comme elle restait là, il secoua négativement la tête.

— Je vais te chercher du café, dit Doreen.

Elle revint avec la cafetière et, après avoir rempli la tasse d'Earl et celles de ses deux voisins, elle s'arma d'une coupelle et leur tourna le dos pour puiser de la glace. Elle plongea un bras dans le bac du congélateur et racla le fond avec le presse-boules. Sa jupe de nylon blanc remonta sur ses hanches, découvrant le bas d'une gaine rose, des cuisses grises, fripées, un peu velues et des veines qui formaient un entrelacs dément.

Les deux types assis à côté d'Earl échangèrent des

regards. L'un d'eux haussa les sourcils. L'autre, la bouche fendue par un sourire, continua à lorgner Doreen par-dessus sa tasse de café tandis qu'elle nappait la glace de sirop de chocolat. Lorsqu'elle se mit à secouer la bombe de chantilly, Earl se leva et se dirigea vers la porte en abandonnant son assiette intacte. Il l'entendit crier son nom, mais il ne s'arrêta pas.

Après avoir jeté un œil sur les enfants, il gagna l'autre chambre et se déshabilla. Il se tira les couvertures jusqu'au menton, ferma les yeux et s'abandonna à ses pensées. La sensation naquit dans son visage et irradia peu à peu vers le ventre et les membres inférieurs. Il rouvrit les yeux et fit aller sa tête d'un côté à l'autre sur l'oreiller. Ensuite il se retourna sur le flanc et s'endormit.

Au matin, après qu'elle eut expédié les enfants à l'école, Doreen entra dans la chambre et releva le store. Earl était déjà réveillé.

— Regarde-toi dans la glace, lui dit-il.

— Hein ? fit Doreen. Qu'est-ce que tu racontes ?

— Regarde-toi dans la glace, c'est tout.

— Qu'est-ce que je suis censée y voir ?

Mais elle se campa devant le miroir de la coiffeuse et repoussa les cheveux qui lui tombaient sur les épaules.

— Alors ? dit Earl.

— Quoi, alors ?

— Ça m'embête de te dire ça, mais je trouve que tu devrais songer à te mettre au régime. Sérieusement. Je ne plaisante pas. Je trouve que tu devrais perdre quelques kilos. Ne te fâche pas.

— Qu'est-ce que tu veux dire ?

— Rien d'autre que ce que je viens de dire. Je trouve que tu devrais perdre quelques kilos. Maigrir un peu.

— Tu ne m'as jamais fait aucune remarque, dit-elle.

Elle releva sa chemise de nuit au-dessus de ses hanches et se mit de profil pour regarder son ventre dans la glace.

— Ça ne m'avait jamais gêné jusqu'à présent, dit Earl en pesant soigneusement ses mots.

Sa chemise de nuit toujours retroussée à la taille, Doreen tourna le dos à la glace et regarda par-dessus son épaule. Elle s'empoigna une fesse, la souleva, la laissa retomber.

Earl ferma les yeux.

— Peut-être que je me goure, dit-il.

— Non, c'est vrai que je pourrais perdre un peu de poids. Mais ça n'irait pas sans mal.

— Ça va être dur, d'accord. Mais je t'aiderai.

— Tu dois avoir raison, dit-elle.

Elle laissa retomber la chemise de nuit, regarda Earl puis se la fit passer par-dessus la tête.

Ils discutèrent de différents régimes — régime hautes protéines, régime végétarien, régime au jus de pamplemousse. Mais ils conclurent qu'ils n'avaient pas de quoi payer les steaks nécessaires au régime hautes protéines, et Doreen déclara qu'elle ne raffolait pas des légumes au point de ne manger que ça. Et comme elle n'était guère portée non plus sur le jus de pamplemousse, elle se voyait mal en avaler des litres.

— Bon, n'en parlons plus, dit Earl.

— Non, tu as raison. Il faut que je fasse quelque chose.

— Et si tu faisais de la gymnastique ?

— La gymnastique, j'en fais bien assez au boulot.

— Eh bien, tu n'as qu'à jeûner. Rester quelques jours sans manger.

— Bon. Je vais essayer. Au moins pendant quelques jours. Tu m'as convaincue.

— J'ai toujours su arracher une vente, dit Earl.

Après avoir calculé ce qui leur restait en banque, il se rendit dans un magasin à prix cassés et fit l'acquisition d'un pèse-personne. Quand la vendeuse encaissa son achat, il suivit ses gestes d'un œil appréciateur.

Dès son retour, il fit ôter tous ses vêtements à Doreen et la fit monter sur la balance. En voyant ses varices, il se renfrogna. Il suivit du doigt le tracé d'une veine qui bourgeonnait en travers de sa cuisse.

— Qu'est-ce que tu fais ? interrogea-t-elle.

— Rien.

Il releva le poids qu'indiquait la balance et le nota sur un bout de papier.

— Parfait dit Earl. Parfait.

Le lendemain, un entretien le retint dehors pendant la plus grande partie de l'après-midi. L'employeur prospectif était un homme trapu et massif, affligé d'une patte folle, qui lui fit visiter un entrepôt de pièces de plomberie et lui demanda s'il était libre de voyager.

— Je suis libre comme l'air, dit Earl.

L'homme hocha la tête.

Earl sourit.

Le son de la télévision lui parvint avant même qu'il eût ouvert la porte et les enfants ne levèrent pas les yeux lorsqu'il traversa la salle de séjour. Doreen était dans la cuisine, en tenue de travail, et mangeait des œufs au bacon.

— Mais qu'est-ce que tu fais ? dit Earl.

Elle continua à mastiquer les aliments qui lui gonflaient les joues, puis elle recracha tout dans une serviette.

— C'était plus fort que moi, dit-elle.

— Connasse, dit Earl. *C'est ça, bouffe ! Morfale-toi !*

Il alla dans la chambre, ferma la porte et s'étendit sur le lit. Le son de la télévision lui parvenait encore. Il croisa les mains sous sa nuque et fixa le plafond d'un œil vide.

Doreen poussa la porte.

— Je vais faire un effort, dit-elle.

— Bon.

Le surlendemain matin, elle le héla de la salle de bains.

— Regarde, lui dit-elle.

Earl regarda le cadran de la balance, ouvrit un tiroir, en sortit le bout de papier et vérifia le cadran une seconde fois. Doreen souriait jusqu'aux oreilles.

— Trois cents grammes, dit-elle.

— C'est déjà ça, dit-il en lui appliquant une tape sur la hanche.

Earl épluchait les petites annonces. Il allait faire un tour au bureau local de l'agence pour l'emploi. Deux ou trois fois par semaine, il prenait la voiture pour se rendre à un entretien et, le soir, il comptait les pourboires de Doreen. Il lissait soigneusement les billets d'un dollar et formait des piles d'un dollar avec les pièces de cinq, six et vingt-cinq *cents*. Chaque matin, il la faisait monter sur la balance.

Au bout de quinze jours, elle avait perdu douze cents grammes.

— Je grignote, lui avoua-t-elle. Je me serre la ceinture toute la journée et puis, au travail, je grignote. Et ça finit par s'ajouter.

Toutefois, une semaine plus tard, elle avait perdu deux kilos. Et dans la semaine qui suivit, elle en perdit deux de plus. Elle nageait dans ses vêtements. Elle fut obligée d'entamer l'argent du loyer pour s'acheter un uniforme neuf.

— A mon travail, les gens parlent à mon sujet, annonça-t-elle.

— Qu'est-ce qu'ils disent ?

— D'abord, il paraît que je suis trop pâle. Que je ne suis plus que l'ombre de moi-même. Ils disent que c'est effrayant ce que j'ai maigri.

— Qu'est-ce qu'il y a de mal à maigrir ? T'en occupe pas, va. Dis-leur qu'ils se mêlent de leurs oignons. Ils t'ont pas épousée. C'est pas avec eux que tu vis.

— Non, mais c'est avec eux que je travaille.

— D'accord, dit Earl. Mais ils t'ont pas épousée.

Chaque matin, il la suivait dans la salle de bains et, une fois qu'elle s'était juchée sur la balance, il s'agenouillait près d'elle avec son bout de papier et un crayon. Le papier était couvert de dates, de jours, de chiffres. Il regardait le cadran, consultait son bout de papier et tantôt il hochait la tête, tantôt il pinçait les lèvres.

Doreen passait plus de temps au lit. Le matin, après le départ des enfants, elle retournait se coucher. L'après-midi, elle faisait la sieste avant de partir au travail. Earl l'aidait à tenir la maison, regardait la télé et la laissait dormir. Il faisait toutes les courses et de loin en loin se rendait à une entrevue.

Un soir, il mit les enfants au lit, ferma la télé et décida d'aller boire quelques verres. Quand le bar ferma, il remonta en voiture et prit le chemin de la cafétéria.

Il s'installa au comptoir et attendit. Quand Doreen l'aperçut, elle lui demanda :

— Les enfants vont bien ?

Earl fit signe que oui.

Il mit un temps fou à se choisir un plat. Il observait en douce les mouvements de Doreen qui allait et venait de l'autre côté du comptoir. A la fin, il commanda un cheeseburger. Elle fit passer la commande au cuistot et alla s'occuper d'un autre client.

Une seconde serveuse s'approcha, une cafetière à la main, et remplit la tasse d'Earl.

— Qui c'est, votre copine, là ? fit-il en désignant sa femme de la tête.

— Elle s'appelle Doreen, dit la serveuse.

— Elle a drôlement changé depuis mon dernier passage, dit-il.

— Oh ! moi j'en sais rien ! dit la serveuse.

Earl mangea son cheeseburger et vida sa tasse de café. Les clients du comptoir ne s'éternisaient pas. Il y avait un va-et-vient continuel sur les tabourets, et le plus gros du service incombait à Doreen, quoique l'autre serveuse vînt prendre une commande de temps en temps. Earl observait sa femme et il dressait l'oreille. Deux fois, il fut forcé d'abandonner son poste pour se rendre aux toilettes et craignit les deux fois d'avoir manqué une remarque intéressante. Lorsqu'il revint la seconde fois, sa tasse de café n'était plus là et quelqu'un s'était installé à sa place. Il alla s'asseoir à l'extrémité du comptoir, à côté d'un homme d'un certain âge qui portait une chemise à rayures.

— Qu'est-ce que tu veux, Earl ? lui demanda Doreen en l'apercevant à nouveau. Tu ne crois pas que tu devrais rentrer ?

— Donne-moi un café.

Son voisin était en train de lire un journal. Il leva les yeux pour regarder Doreen verser du café dans la tasse d'Earl, et lorsqu'elle s'éloigna il lui jeta un rapide coup d'œil. Ensuite, il se replongea dans son journal.

Earl sirota son café. Il attendait que l'homme dise quelque chose. Il l'observait du coin de l'œil. L'homme avait fini de manger et il avait repoussé son assiette. Il alluma une cigarette, posa son journal plié devant lui et poursuivit sa lecture.

Doreen s'approcha, lui enleva son assiette sale et versa du café, dans sa tasse.

— Qu'est-ce que vous dites de ça, hein ? dit Earl à son voisin en faisant un signe de tête en direction de Doreen qui s'éloignait le long du comptoir. C'est vraiment quelque chose, non ?

L'homme leva le nez, regarda Doreen, regarda Earl et retourna à sa lecture.

— Eh bien, qu'est-ce que vous en dites ? dit Earl. Je vous ai posé une question. C'est beau, ou c'est pas beau ? Répondez-moi.

L'homme agita son journal avec bruit.

Quand Doreen se fut à nouveau éloignée, Earl poussa son voisin du coude et lui dit :

— Eh, je vous parle. Ecoutez. Visez-moi un peu cette paire de miches. Et maintenant, faites bien attention. Je peux avoir un sundae au chocolat ? lança-t-il à l'intention de Doreen.

Doreen s'arrêta face à lui et poussa un soupir. Ensuite, elle se retourna, prit une coupelle, s'arma de son presse-boules, se pencha au-dessus du congélateur, plongea le bras au fond du bac et entreprit de puiser de la glace. Earl regardait son voisin et, au moment où la jupe de Doreen remontait sur ses cuisses, il lui fit un clin d'œil. Mais le regard de l'homme accrocha celui de l'autre serveuse. Il fourra son journal sous son bras et porta une main à sa poche.

L'autre serveuse s'avança vers Doreen.

— Qui c'est, ce gars-là ? lui dit-elle.

— Lequel ? fit Doreen en se retournant, sa coupelle de glace à la main.

— Celui-ci, dit l'autre serveuse en désignant Earl de la tête. Hein, qui c'est, ce zèbre-là ?

Earl se composa un sourire et il exerça une telle force pour le maintenir en place qu'il lui sembla que son visage se désagrégeait.

Mais l'autre serveuse se borna à le toiser tandis que Doreen hochait lentement la tête. Le voisin d'Earl avait déposé un peu de monnaie à côté de sa tasse et il s'était levé, mais lui aussi attendait la réponse. Tous les regards étaient fixés sur Earl.

— Il est voyageur de commerce. C'est mon mari, dit enfin Doreen avec un haussement d'épaules.

Sur quoi elle posa devant Earl le sundae au chocolat inachevé et elle alla lui préparer son addition.

Traduction : François Lasquin

Les vitamines du bonheur

J'avais un emploi et Patti n'en avait pas. Je travaillais quelques heures, la nuit, à l'hôpital. Un job insignifiant. A part quelques menues tâches, je signais le bulletin de présence pour huit heures, et allais boire avec les infirmières. Au bout d'un moment, Patti a voulu travailler. Elle disait qu'elle avait besoin d'un travail par dignité personnelle. Alors elle a commencé par faire du porte à porte pour vendre des vitamines.

Pendant un certain temps, elle n'a été qu'une simple vendeuse comme les autres, arpentant les rues dans des quartiers inconnus, frappant à toutes les portes. Mais elle apprit les trucs du métier. C'était une rapide, et elle avait toujours été douée à l'école. Elle avait de la personnalité. Bientôt, sa compagnie lui donna de l'avancement. Certaines filles moins débrouillardes furent placées sous ses ordres. Avant longtemps, elle dirigeait toute une équipe et avait un petit bureau au siège. Les filles qui travaillaient pour elle changeaient tout le temps. Certaines quittaient au bout de deux jours — voire au bout de deux heures. Mais parfois il y avait des filles capables. Elles s'y entendaient à vendre des vitamines. C'étaient ces filles-là qui restaient avec Patti. Elles formaient le noyau de l'équipe. Pourtant il y en avait qui n'arrivaient pas à vendre.

Les filles qui n'accrochaient pas partaient, c'est tout. Elles ne revenaient pas. Si elles avaient le téléphone, elles le débranchaient. Elles ne répondaient pas à la porte. Patti prenait à cœur ces défections, comme si les filles étaient des converties ayant perdu la foi. Elle se sentait responsable de leur départ. Mais elle s'en remettait. Trop d'entre elles partaient pour ne pas s'en remettre.

De temps en temps, une fille paniquait et n'arrivait pas à tirer une sonnette. Ou alors, elle sonnait, mais sa voix se bloquait. Ou alors, elle mélangeait à ses formules de politesse quelque chose qu'elle n'aurait pas dû dire avant d'être à l'intérieur. Dans les cas comme ça, la fille décrochait pour la journée, prenait sa boîte d'échantillons, traînait jusqu'à ce que Patti et les autres aient fini. Après elles se réunissaient en conférence. Elles revenaient toutes au bureau. Elles se disaient des trucs pour se donner du cœur au ventre. « Quand le boulot devient dur, les durs continuent le boulot. » Ou « Fais ce qu'il faut et ce qu'il faut arrivera. » Des trucs comme ça.

Parfois, une fille prenait la clé des champs, avec la boîte d'échantillons et tout. Elle rentrait en ville en stop et filait. Il y en avait toujours d'autres pour prendre sa place. Les filles allaient et venaient à l'époque. Patti avait une liste. A intervalles réguliers de quelques semaines, elle passait une annonce dans *L'Économe*. Il y avait d'autres filles et d'autres stages de formation. Des filles, il y en avait à la pelle.

Le noyau de l'équipe se composait de Patti, Donna et Sheila. Patti était très belle, avec de l'allure, Donna et Sheila étaient passables, c'est tout. Un soir, cette Sheila dit à Patti qu'elle l'aimait plus que personne au monde. Patti me rapporta ces paroles. Elle avait raccompagné Sheila, et elles étaient restées devant chez elle. Patti dit à Sheila qu'elle l'aimait aussi. Qu'elle aimait toutes ses filles. Mais ce n'était pas ce que Sheila avait en tête. Alors Sheila avait porté la main à la poitrine de Patti. Patti m'avait dit qu'elle avait pris la main de Sheila et l'avait gardée dans les siennes. Elle lui avait expliqué qu'elle n'était pas de ce bord-là. Sheila n'avait pas bronché, elle avait seulement hoché la tête, embrassé la main de Patti et était descendue de voiture.

C'était peu avant Noël. Les vitamines se vendaient mal, et on avait décidé de donner une soirée pour remonter le moral aux filles. Sur le moment, ça semblait une bonne idée. Sheila fut la première à être saoule et à tourner de l'œil. Elle s'évanouit tout debout, s'effondra et dormit pendant des heures. Elle était debout au milieu du séjour, et la minute d'après ses yeux se fermaient, ses jambes fléchissaient, et elle tombait, son verre encore à la main. Dans sa chute, la main tenant le verre frappa la table basse quand elle tomba. A part ça, on ne l'entendit pas. Le verre se renversa sur le tapis. Patti, moi et une autre, on la transporta sur la véranda derrière la maison, on la coucha sur un lit de camp et on fit ce qu'on put pour oublier.

Tout le monde se saoula et rentra chez soi. Patti se mit au lit. Moi, je voulais continuer, alors je m'assis à la table avec un verre, jusqu'à l'aube. Puis Sheila rentra de la véranda et sursauta. Elle dit qu'elle avait une migraine à se taper la tête contre les murs. Que sa migraine était tellement carabinée qu'elle avait peur d'en loucher toute sa vie. Et elle était sûre qu'elle s'était cassé le petit doigt. Elle me le montra. Il était violet. Elle se mit à faire toute une histoire parce qu'on l'avait laissée dormir avec ses lentilles de contact. Elle voulait savoir si on se foutait d'elle. Elle approcha son petit doigt de son visage et le regarda en secouant la tête. Puis elle tendit le bras et continua à le regarder. On aurait dit qu'elle n'arrivait pas à croire ce qui lui était arrivé cette nuit-là. Elle avait le visage boursouflé et les cheveux ébouriffés. Elle fit couler de l'eau froide sur son doigt.

— Mon Dieu, mon Dieu, dit-elle, et elle pleura un peu dans l'évier.

Mais elle avait fait du gringue à Patti, une déclaration d'amour, et je ne la plaignis pas.

Je buvais un whisky avec du lait et un glaçon. Sheila était penchée sur la paillasse. Elle me regardait, avec des petits yeux. Je bus une gorgée, sans rien dire. Elle se remit à me raconter qu'elle avait une gueule de bois pas possible. Qu'elle avait besoin de voir un docteur. Qu'elle allait réveiller Patti. Qu'elle laissait tomber son boulot, qu'elle quittait l'État pour aller à Portland. Mais qu'il fallait d'abord qu'elle dise au revoir à Patti. Elle voulait que Patti la conduise à l'hôpital pour son doigt et ses yeux.

— Je vais t'y conduire, dis-je.

Je n'en avais pas envie, mais j'irais quand même.

— Je veux que ce soit Patti.

Elle tenait son doigt cassé de l'autre main, son petit doigt aussi gros qu'une lampe de poche.

— En plus, il faut qu'on se parle. Il faut que je lui dise que je vais à Portland. Il faut que je lui dise au revoir.

— Je suppose qu'il faudra que je le lui dise à ta place. Elle dort.

Sheila devint mauvaise.

— On est *amies*. Il faut que je lui parle. Il faut que je lui dise moi-même.

Je secouai la tête.

— Elle dort. Je viens de te le dire.

— On est amies, et on s'aime. Il faut que je lui dise au revoir.

Sheila s'apprêta à sortir de la cuisine. Je fis mine de me lever.

— J'ai dit que je te conduirais à l'hôpital.

— Tu es saoul ! Tu ne t'es pas couché.

Elle regarda encore son doigt et ajouta :

— Merde, pourquoi c'est arrivé, ça ?

— Je suis saoul, mais je peux conduire jusqu'à l'hôpital.

— Je ne veux pas monter en voiture avec toi ! hurla Sheila.

— Comme tu voudras. Mais tu ne réveilleras pas Patti. Putain de gougnote!

— Salaud!

Voilà ce qu'elle dit, sur quoi elle sortit de la cuisine, passa la porte sans aller aux toilettes ou se laver la figure. Je me levai et la regardai par la fenêtre. Elle descendait la rue vers Euclid Avenue. Personne d'autre n'était levé. Il était trop tôt.

Je terminai mon verre et pensai à m'en reverser un autre. Ce que je fis.

Après ça, personne ne revit plus Sheila. En tout cas, personne du groupe des vitamines. Elle tourna dans Euclid Avenue et sortit de nos vies.

Plus tard, Patti dit :

— Qu'est-ce qui lui est arrivé, à Sheila?

Elle est partie à Portland, répondis-je.

J'en pinçais pour Donna, l'autre membre du noyau. Le jour de la soirée, on avait dansé sur des disques de Duke Ellington. La main posée au creux de ses reins tout en évoluant sur le tapis, je la serrais de près, je sentais le parfum de ses cheveux. C'était chouette de danser avec elle. J'étais le seul homme, et il y avait sept filles, dont six dansaient entre elles. Le spectacle du séjour, c'était chouette.

J'étais dans la cuisine quand Donna est entrée avec son verre vide. On s'est regardé. Je l'ai prise dans mes bras et on s'est embrassé. Immobiles, on est resté un moment enlacés comme ça.

Puis elle a dit :

— Non. Pas maintenant.

En entendant ce « pas maintenant », je la lâchai. Je me disais que c'était aussi sûr que de l'argent en banque.

J'étais en train de ruminer cette étreinte quand Sheila était entrée avec son doigt cassé.

Je continuai à penser à Donna. Je vidai mon verre. Je décrochai le téléphone et me dirigeai vers la chambre. Je me déshabillai et me couchai près de Patti. Je restai allongé un moment, pour me détendre. Puis je la pris. Mais elle ne se réveilla pas. Après, je fermai les yeux.

L'après-midi était avancé quand je les rouvris. J'étais seul dans le lit. La pluie battait les carreaux. Un beignet était posé sur l'oreiller de Patti, et un verre d'eau de la veille sur la table de nuit. J'étais encore saoul et je n'avais pas les idées nettes. Je savais que c'était dimanche, et que Noël n'était pas loin. Je mangeai le beignet et bus le verre d'eau. Je me rendormis et ne me réveillai qu'en entendant Patti passer l'aspirateur. Puis elle entra dans la chambre et me demanda ce qu'était devenue Sheila. C'est alors que je lui dis. Qu'elle était partie à Portland.

Environ une semaine après le Jour de l'An, Patti et moi, on prenait un verre. Elle venait de rentrer de son travail. Il n'était pas très tard, mais le temps était sombre et pluvieux. J'allais prendre mon service dans deux heures, mais avant on prenait un scotch en bavardant. Patti était crevée. Elle avait le moral à zéro et en était à son troisième verre. Personne n'achetait de vitamines. Et elle n'avait plus que Donna et Pam, une presque bleue qui était klepto. On parlait de choses et d'autres, comme du mauvais temps et des contredanses qu'on peut faire sauter. Puis on se mit à discuter, on serait mieux lotis si on déménageait en Arizona, ou un endroit comme ça.

Je remplis nos verres. Je regardai par la fenêtre. L'Arizona, ce n'était pas une mauvaise idée.

— Les vitamines, dit Patti.

Elle prit son verre et fit tourner ses glaçons.

— Nom d'un chien ! dit-elle. Quand j'étais à l'école, c'est bien la dernière chose que je me serais vue faire. Merde, je n'aurais jamais pensé que je finirais par vendre des vitamines. Elle est bien bonne, celle-là. C'est d'un comique !

— Je n'y avais jamais pensé non plus, chérie, dis-je.

— Exact. Tu as bien résumé la situation.

— Chérie.

— Il n'y a pas de chérie qui tienne. La vie est dure. Tu peux la regarder du côté que tu veux, elle est dure.

Elle sembla réfléchir un moment à la question. Elle secoua la tête puis elle vida son verre.

— Je rêve de vitamines même la nuit. Pas une minute de répit ! Pas de répit ! Au moins, toi, quand tu as fini ton travail, tu n'y penses plus. Je parie que tu n'en as jamais rêvé. Je parie que tu ne rêves jamais que tu cires les parquets ou autre chose. Quand tu sors de ton boulot, tu n'en rêves pas, non ? cria-t-elle.

— Je ne me souviens jamais de mes rêves. Peut-être

que je ne rêve pas. Je ne me rappelle rien quand je me réveille.

Je haussai les épaules. Je ne savais pas ce qui se passait dans ma tête quand je dormais. Je m'en foutais.

— Tu rêves ! s'écria Patti. Même si tu ne t'en souviens pas. Tout le monde rêve. Si tu ne rêvais pas, tu deviendrais fou. J'ai lu des trucs là-dessus. C'est une soupape. Les gens rêvent quand ils dorment. Ou alors, ils deviennent dingues. Mais moi, quand je rêve, je rêve de vitamines. Tu comprends ce que je te dis ?

Elle avait les yeux fixés sur moi.

— Oui et non, dis-je.

La question n'était pas simple.

— Je rêve que je fais l'article pour les vitamines. Je vends des vitamines jour et nuit. Merde, quelle vie !

Elle vida son verre.

— Comment elle va, Pam ? Elle continue à faucher ?

Je voulais détourner la conversation, mais je n'avais rien trouvé d'autre à dire.

— Merde alors ! dit Patti.

Et elle secoua la tête comme si j'étais débile. On écouta tomber la pluie.

— Personne ne vend de vitamines, continua Patti.

Elle prit son verre, mais il était vide.

— Personne n'achète de vitamines. Voilà ce que j'essaie de te faire comprendre. Tu as entendu ce que je t'ai dit ?

Je me levai et remplis nos verres.

— Donna fait quelque chose ? demandai-je.

Je lus l'étiquette de la bouteille et attendis.

— Elle a pris une petite commande avant-hier. C'est tout. C'est tout ce qu'on a fait cette semaine, à nous toutes. Ça ne m'étonnerait pas qu'elle laisse tomber. Je la comprendrais, dit Patti. Si j'étais elle, je laisserais tomber. Et si elle s'en va, alors quoi ? Je reviens à la case départ. Je repars à zéro. On est au milieu de l'hiver, tout le monde est malade, tout le monde meurt, et les gens ne pensent même pas qu'ils ont besoin de vitamines. J'en suis malade moi-même.

— Qu'est-ce qu'il y a, chérie ?

Je posai les verres sur la table et m'assis. Elle poursuivit comme si je n'avais rien dit. Peut-être que je n'avais rien dit.

— Je suis mon unique cliente, dit-elle. Je me dis que de prendre toutes mes vitamines, ça me fera du bien à la peau. Qu'est-ce que tu en penses, de ma peau ? Tu crois que ça existe, les overdoses de vitamines ? J'en arrive à ne même plus pouvoir vomir comme les gens normaux.

— Chérie, dis-je.

— Tu t'en fous que je prenne des vitamines. Voilà le hic. Tu te fous de tout. Mes essuie-glaces se sont cassés cet après-midi. J'ai failli avoir un accident. A un cheveu.

On continua à boire et à parler jusqu'à l'heure de mon boulot. Patti dit qu'elle allait se tremper dans la baignoire si elle ne s'endormait pas avant.

— Je dors debout, dit-elle. Vitamines ! Il n'y a plus que ça qui compte !

Elle regarda autour d'elle dans la cuisine. Elle regarda

son verre vide. Elle était saoule. Elle me laissa l'embrasser. Après, je partis à mon boulot.

Il y a un endroit où je vais après le travail. J'ai commencé à y aller pour la musique, et parce qu'on me servait après la fermeture. Ça s'appelle L'Off-Broadway. C'est un bar de Noirs dans le quartier noir. Le gérant est un Noir qui s'appelle Khaki. Les gens viennent chez lui quand on ferme ailleurs. Ils demandent la spécialité maison — Coca Royal Crown avec une giclée de whisky — ou alors, ils apportent leur bouteille dans leur poche. Ils demandent un R.C. et ajoutent leur whisky. Il y a des musiciens qui viennent faire un bœuf, et les buveurs qui veulent continuer à boire boivent en écoutant la musique. Parfois, les gens dansent. Mais la plupart du temps, ils boivent en écoutant la musique.

De temps en temps, un Noir file un coup de bouteille sur la tête d'un autre Noir. Une fois, le bruit a couru qu'on avait suivi quelqu'un aux toilettes et qu'on lui avait coupé la gorge pendant qu'il avait les mains occupées à pisser. Mais je n'ai jamais vu de bagarre. Rien que Khaki ne puisse contrôler. Khaki est un grand Noir avec un crâne chauve comme un genou, qui brille drôlement sous les néons. Il porte des chemises hawaiiennes par-dessus son pantalon. Je crois qu'il a un pistolet dans sa ceinture. Du moins, sans doute. Si quelqu'un commence à faire du pétard, Khaki s'amène. Il pose sa grosse patte sur l'épaule du gars, il dit quelques mots et on n'en parle plus. J'y allais de temps en temps depuis quelques mois. J'étais content parce qu'on me disait des trucs — des trucs comme : « Ça va, mon vieux ? » ou « Dis donc, ça fait une paye qu'on t'a pas vu, mon pote. »

C'est à L'Off-Broadway que j'avais donné rendez-vous à Donna. Le seul rendez-vous qu'on ait eu.

Je sortis de l'hôpital juste après minuit. Le temps s'était levé et les étoiles brillaient. J'avais toujours la tête lourde des scotchs que j'avais bus avec Patti. Mais je me dis que je passerais bien au New Jimmy pour boire un verre en vitesse avant de rentrer. La voiture de Donna était à côté de la mienne, et Donna était dedans. Je me souvenais de cette étreinte dans la cuisine. « Pas maintenant » qu'elle avait dit.

Elle baissa sa vitre et secoua sa cigarette.

— Je ne pouvais pas fermer l'œil, dit-elle. J'ai des tas de trucs qui me trottent dans la tête, et je n'arrivais pas à dormir.

— Tiens, Donna. Je suis content de te voir, Donna.

— Je ne sais pas ce que j'ai.

— Tu veux qu'on aille quelque part prendre un verre ?

— Patti est mon amie.

— C'est mon amie aussi.

Puis j'ajoutai :

— Allons-y.

— Je voulais que tu le saches.

— Je connais un bar. Un bar de Noirs. Il y a de la musique. On pourra prendre un verre en écoutant la musique.

— Tu peux me conduire ?

— Viens à côté de moi.

Elle attaqua tout de suite sur les vitamines. Les vitamines étaient foutues, les vitamines buvaient un bouillon. Le marché des vitamines était en chute libre.

— Ça me fait mal au cœur de faire ça à Patti, dit Donna. C'est ma meilleure amie, et elle se décarcasse pour nous faire une situation. Mais il va falloir que je laisse tomber. Ça, c'est entre nous. Jure-le ! Mais il faut bien que je mange. Il faut que je paie mon loyer. J'ai besoin de chaussures et d'un manteau neuf. Les vitamines, ça ne paie plus. Je ne crois pas qu'il y ait encore de l'argent à gagner dans les vitamines. Je n'ai rien dit à Patti. Comme je te l'ai dit, c'est une idée, c'est tout.

Donna posa sa main à côté de ma jambe. Je la pris et lui serrai les doigts. Elle me rendit la politesse. Puis elle retira sa main et enfonça l'allume-cigares. Quand elle eut allumé sa cigarette, elle remit sa main à la même place.

— Le pire, c'est que ça me fait mal au cœur de laisser tomber Patti. Tu comprends ? On formait une équipe.

Elle me tendit sa cigarette.

— Je sais que ce n'est pas ta marque, mais essaie toujours.

J'entrai dans le parking de L'Off-Broadway. Trois Noirs étaient appuyés contre une Chevrolet au pare-brise fêlé. Ils traînaient, c'est tout, en se passant une bouteille dans un sac. Ils nous jetèrent un coup d'œil.

Je contournai la voiture pour ouvrir la portière à Donna. Je fermai les portes à clé, pris Donna par le bras et on se dirigea vers la rue. Les Noirs nous regardèrent.

— Tu n'as pas l'intention d'aller à Portland, non ? lui dis-je.

On était sur le trottoir et je la pris par la taille.

— Portland, connais pas. Je n'y ai jamais pensé une minute.

A L'Off-Broadway, la salle de devant, c'est une salle de bar normale. Quelques Noirs étaient assis au comptoir, et d'autres étaient penchés sur leurs assiettes, autour de tables couvertes de toile cirée rouge. On traversa le café et on entra dans la grande salle de derrière. Il y a un long comptoir avec des box contre le mur, et dans le fond, une estrade où les musiciens peuvent s'installer. Devant la plate-forme s'étend ce qui peut passer pour une piste de danse. Les bars et les boîtes de nuit étaient encore ouverts alors il n'y avait pas encore grand monde. J'aidai Donna à ôter son manteau. On choisit un box et on posa nos cigarettes sur la table. La serveuse noire, qui s'appelle Hannah, s'approcha. Hannah et moi, on se salua de la tête. Elle regarda Donna. Je commandai deux Coca R.C. maison et décidai de voir la vie en rose.

Elle nous apporta nos verres, je payai, on en but une gorgée, puis on se mit à se peloter. On continua comme ça un moment, à se caresser, se peloter et s'embrasser. De temps en temps, Donna s'arrêtait, s'écartait de moi, me repoussait un peu et me prenait par les poignets. Elle me regardait dans les yeux. Puis elle fermait lentement les paupières et on se remettait à s'embrasser. Bientôt, la salle commença à se remplir. On arrêta de se bécoter. Mais je gardai mon bras autour de sa taille. Elle posa la main sur ma jambe. Deux cornistes noirs et un batteur blanc se mirent à jouer un morceau. Je me dis que Donna et moi, on allait prendre un autre verre en écoutant la musique. Puis on s'en irait chez elle pour finir ce qu'on avait commencé.

Je venais juste de passer ma commande à Hannah quand un Noir nommé Benny s'approcha avec un autre Noir — un grand Noir sur son trente et un. Il avait des petits yeux rouges et portait un complet trois-pièces à rayures. Plus chemise rose, cravate, pardessus, feutre mou — tout quoi !

— Salut mon vieux, dit Benny.

Benny me tendit le bras pour une poignée de main fraternelle. Benny et moi, on se mit à bavarder. Il savait que j'aimais la musique, et il venait toujours bavarder avec moi quand on était là tous les deux. Il aimait parler de Johnny Hodges, il avait joué du saxo avec lui. Il disait des trucs, par exemple : « Quand Johnny et moi on a fait un bœuf à Mason City... »

— Bonsoir, Benny, dis-je.

— Je te présente Nelson, dit Benny. Il revient du Vietnam aujourd'hui. Ce matin. Il vient écouter la musique. Il a mis ses chaussures de danse, juste en cas.

Benny regarda Nelson et hocha la tête.

— Je te présente Nelson.

Je regardai les chaussures luisantes de Nelson, puis je regardai Nelson. Il semblait vouloir me situer. Il m'étudiait. Puis il me décocha un sourire jusqu'aux oreilles.

— Je vous présente Donna, dis-je. Donna, voilà Benny, et Nelson. Nelson, Donna.

— Salut, petite, dit Nelson.

Et Donna rétorqua du tac au tac :

— Salut Nelson, salut Benny.

— On peut s'asseoir avec vous, les enfants? dit Benny. D'accord?

— D'accord, je dis.

Mais j'aurais préféré qu'ils trouvent une autre place.

— On ne va pas rester longtemps, dis-je. Juste le temps de finir notre verre, c'est tout.

— Je sais, mon vieux, je sais, dit Benny.

Il s'assit en face de moi quand Nelson fut installé dans le box.

— Les choses à faire, les endroits où aller, Benny connaît tout, dit Benny avec un clin d'œil.

Nelson regarda Donna en face de lui, puis il ôta son chapeau. Il le tournait et retournait dans ses grosses pognes, comme s'il cherchait quelque chose sur le rebord. Il fit de la place sur la table pour son couvre-chef. Il regarda Donna. Il sourit en bombant le torse. Il bombait le torse toutes les deux minutes, comme fatigué de porter ses épaules.

— C'est un grand copain à vous, je parie, dit Nelson à Donna.

— On est amis, oui, dit Donna.

Hannah revint. Benny commanda des RC. Hannah s'éloigna et Nelson sortit une pinte de whisky de son pardessus.

— Amis, dit Nelson. Bons amis.

Il dévissa le bouchon de son whisky.

— Attention, Nelson, dit Benny. Attention qu'on te voie pas. Nelson descend d'avion. Retour du Vietnam, dit Benny.

Nelson leva sa bouteille et but une rasade au goulot. Il revissa le bouchon, posa la bouteille sur la table et mit son chapeau par-dessus.

— Vraiment bons amis, dit-il.

Benny me regarda en roulant les yeux. Mais il était saoul, lui aussi.

— Il faut que je me remette en forme, dit-il.

Il but un peu de Coca dans les deux verres, puis les passa sous la table et les compléta avec du whisky. Il remit la bouteille dans sa poche.

— Merde, ça fait un mois que je suis au régime sec. Faut que je reprenne les bonnes habitudes.

On était tassés dans le box, nos verres devant nous le chapeau de Nelson sur la table.

— Toi, me dit Nelson, tu es avec une autre, non ? Avec une belle môme. Vous êtes pas mariés, je sais. Mais tu es bon copain avec celle-là aussi. Exact ?

Je bus une rasade, mais sans sentir le whisky, sans rien sentir du tout.

— Toutes ces conneries qu'on voit sur le Vietnam à la télé, c'est vrai ? je demandai.

Nelson me fixait de ses yeux rouges.

— Ce que je veux dire, c'est : est-ce que tu sais où elle est, ta femme ? Je parie qu'elle est dehors avec un mec, et elle lui fait des choses et elle le fait bander pendant que t'es là avec ta petite copine. Je parie qu'elle a un petit copain aussi, elle.

— Nelson ! dit Benny.

— Y a pas de Nelson qui tienne, dit Nelson.

— Nelson, foutons-leur la paix. Il y a quelqu'un dans le box d'à côté. Quelqu'un dont je t'ai parlé. Nelson descend d'avion de ce matin, dit Benny.

— Je parie que je sais ce que tu penses, dit Nelson. Je parie que tu penses : « V'là un Noir complètement beurré, qu'est-ce que je vais en faire ? Le dérouiller, peut-être ? » C'est bien ça que tu penses, hein ?

Je regardai la salle autour de moi. Je vis Khaki debout près de l'estrade, les musiciens jouant derrière lui. Il y avait quelques couples sur la piste. J'eus l'impression que Khaki regardait de mon côté, mais s'il regarda, il détourna les yeux tout de suite.

— C'est pas à ton tour de parler ? dit Nelson. Je te taquine, c'est tout. J'ai taquiné personne depuis que j'ai quitté le Vietnam. Les singes, je les ai pas mal taquinés.

Il eut encore un grand sourire, jusqu'aux oreilles. Puis il arrêta de sourire, l'œil vague.

— Montre-leur ton oreille, dit Benny, posant son verre sur la table. Il la transporte partout avec lui. Montre-leur, Nelson.

Nelson demeura immobile. Puis il se mit à tâter les poches de son pardessus. Il en sortit des affaires. Il sortit des clés et une boîte de boules de gomme.

— Je n'ai pas envie de voir une oreille, dit Donna. Berk. Deux fois berk. Nom d'un chien !

Elle me regarda.

— Il faut qu'on s'en aille, dis-je.

Nelson continuait à tâter ses poches. Il sortit un portefeuille de la poche intérieure de son veston, le posa sur la table, et le tapota de la main.

— J'ai cinq grands formats, là-dedans. Écoute-moi bien, dit-il à Donna. Je vais te donner deux billets. Tu me suis ? Je te donne deux gros billets, et tu me tailles une pipe. Comme sa nana est en train de faire avec un autre. Tu m'entends ? Tu sais qu'elle est en train de tailler une pipe à un mec pendant que t'es là, avec sa main sous ta jupe. C'est de bonne guerre. Tiens.

Il tira les coins des billets de son portefeuille.

— Voilà un autre billet de cent pour ton petit copain, pour qu'il se sente pas largué. Il a pas besoin de rien faire. T'as pas besoin de rien faire, me dit Nelson. Tu restes là à boire ton coup en écoutant la musique. Bonne musique. Moi et la nana, on sort ensemble comme des bons copains. Et elle revient toute seule. Ça sera pas long.

— Nelson, dit Benny. C'est pas des façons de parler, Nelson.

Nelson sourit de toutes ses dents.

— J'ai fini de parler, dit-il.

Il trouva ce qu'il cherchait. Un étui à cigarettes en argent. Il l'ouvrit. Je regardai l'oreille à l'intérieur, couchée sur un lit de coton. On aurait dit un champignon sec. Mais c'était une vraie oreille, et elle était attachée à une chaînette.

— Mon Dieu, dit Donna. Berk.

— C'est quelque chose, hein ? dit Nelson en regardant Donna.

— Tire-toi, dit Donna.

— C'était une fille, dit Nelson.

— Nelson, dis-je.

Puis Nelson me fixa de ses yeux rouges. Il poussa de côté le chapeau, le portefeuille et l'étui à cigarettes.

— Qu'est-ce que tu veux ? dit Nelson. Je te donnerai ce que tu veux.

Khaki avait une main sur mon épaule et l'autre sur celle de Benny. Il était penché sur la table, son crâne brillant sous les lumières.

— Alors, les gars ? Ça va comme vous voulez ?

— Tout va bien, Khaki, dit Benny. Comme sur des roulettes. Les copains, ils allaient partir. Moi et Nelson, on va rester un peu pour écouter la musique.

— Parfait, dit Khaki. Moi, ce que je veux, c'est que tout le monde soit heureux.

Il regarda le box. Il regarda le portefeuille de Nelson sur la table, et l'étui à cigarettes ouvert à côté. Il vit l'oreille.

— C'est une vraie oreille ?

— Oui. Montre-lui, Nelson. Nelson descend d'avion ce matin avec son oreille. Il revient du Vietnam. Cette oreille, elle a fait le tour du monde pour être ce soir sur cette table. Montre-lui, Nelson, dit Benny.

Nelson prit l'étui et le tendit à Khaki.

Khaki examina l'oreille. Il souleva la chaîne et fit pendouiller l'oreille devant son nez. Il la regarda. Il la fit osciller au bout de sa chaînette.

— J'ai entendu parler de ces oreilles séchées, et des bites et tout.

— Je l'ai coupée sur un singe, dit Nelson. Il pouvait plus rien entendre avec. Je voulais un souvenir.

Khaki faisait tourner l'oreille au bout de sa chaîne.

Donna et moi, on se leva pour sortir du box.

— T'en va pas, ma petite, dit Nelson.

— Nelson, dit Benny.

Maintenant, Khaki surveillait Nelson. J'étais debout à côté du box, le manteau de Donna dans les mains. J'avais les jambes en coton.

Nelson éleva la voix.

— Si tu sors avec cet enfant de salaud, si tu le laisses te brouter le minet, vous aurez affaire à moi tous les deux.

On commença à s'éloigner. Les gens nous regardaient.

— Nelson revient du Vietnam, il descend d'avion ce matin, entendis-je Benny dire derrière moi. Il a bu toute la journée. C'est le jour le plus long. Mais lui et moi, ça va, Khaki.

Nelson gueula quelque chose par-dessus la musique.

— Ça vous servira à rien ! Vous pouvez faire ce que vous voulez, ça servira à rien !

Je l'entendis dire ça, puis je n'entendis plus rien. La musique stoppa, puis reprit. On ne regarda pas en arrière. On continua. On sortit sur le trottoir.

J'ouvris la portière à Donna. Je remis le cap sur l'hôpital. Donna resta sagement à sa place. Elle alluma une cigarette, mais ne dit pas un mot.

J'essayai de dire quelque chose.

— Écoute, Donna, ne t'en fais pas pour ça. Je regrette que ça se soit passé comme ça.

— Cet argent, ça ne m'aurait pas fait de mal. C'est à ça que je pensais.

Je continuai à conduire, et je ne la regardai pas.

— C'est vrai. Ça ne m'aurait pas fait de mal.

Elle secoua la tête.

— Je ne sais pas, dit-elle.

Puis elle baissa la tête et se mit à pleurer.

— Ne pleure pas, dis-je.

— Je n'irai pas travailler demain, aujourd'hui, à n'importe quelle heure que le réveil sonne. Je n'irai pas. Je quitte la ville. Ce qui s'est passé ce soir, c'est un signe.

Elle poussa l'allume-cigares et attendit qu'il saute.

J'arrêtai sa voiture à côté de la mienne et coupai le moteur. Je regardai dans le rétroviseur, me demandant à moitié si je n'allais pas voir une vieille Chrysler entrer dans le parking, Nelson aux commandes. Je gardai les mains sur le volant une minute, puis les posai sur mes genoux. Je n'avais pas envie de toucher Donna. L'étreinte de l'autre soir dans la cuisine, les baisers à L'Off-Broadway, tout ça, c'était fini.

— Qu'est-ce que tu vas faire ? je dis.

Mais je m'en foutais. Elle aurait pu mourir d'une attaque, ça ne m'aurait fait ni chaud ni froid.

— Peut-être que je pourrais aller à Portland, dit-elle. Il doit bien y avoir quelque chose à Portland. En ce moment, tout le monde ne parle que de Portland. Portland, ça porte chance. Portland par-ci et Portland par-là. Portland, c'est aussi bien qu'ailleurs. C'est pareil.

— Donna, dis-je, il faut que je rentre.

Je me mis en devoir de descendre. J'entrouvris la portière, et la lumière du plafond s'alluma.

— Pour l'amour du ciel, éteins ça !

Je descendis en vitesse.

— Bonsoir Donna, dis-je.

Je la laissai, les yeux fixés sur le tableau de bord. Je démarrai mon moteur et allumai les phares. Je passai la première et appuyai sur l'accélérateur.

Je me versai un scotch, en bus une gorgée et emportai mon verre à la salle de bains. Je me lavai les dents. Puis j'ouvris un tiroir. Patti me cria quelque chose de la chambre. Elle ouvrit la porte de la salle de bains. Elle était tout habillée. Elle s'était endormie avec ses affaires sur le dos, je suppose.

— Quelle heure est-il ? gueula-t-elle. Je ne me suis pas réveillée ! Mon Dieu, oh, mon Dieu ! Tu ne m'as pas réveillée, merde !

Elle était furax, debout sur le seuil, tout habillée. Elle aurait pu s'apprêter à aller au travail. Mais il n'y avait pas de boîte d'échantillons, pas de vitamines. Elle faisait un mauvais rêve, c'est tout. Elle se mit à secouer la tête, de droite et de gauche.

Je n'étais pas d'humeur à rien supporter de plus, ce soir-là.

— Retourne te coucher, chérie. Je cherche quelque chose.

Je pris quelque chose dans l'armoire à pharmacie. Des trucs tombèrent dans le lavabo.

— Où est l'aspirine ?

Je fis encore tomber des trucs. Je m'en foutais. Les trucs continuaient à tomber.

Traduction : Simone Hilling

Tais-toi, je t'en prie, tais-toi!

1

Quand Ralph Wyman quitta la maison familiale pour la première fois, à l'âge de dix-huit ans, son père, principal de l'école élémentaire Thomas-Jefferson et trompettiste dans l'orchestre du Club des Elks de Weaverville, l'avertit que la vie était une affaire des plus sérieuses, une entreprise notoirement ardue, et néanmoins gratifiante, dans laquelle un jeune homme qui s'essaie à voler de ses propres ailes doit s'armer d'un grand courage et d'une vision claire de sa destinée : telle était la conviction du père de Ralph Wyman, et c'est en ces termes qu'il l'exprima.

Mais au collège, la vision que Ralph se faisait de son avenir demeura floue. Il crut qu'il voulait être médecin, crut qu'il voulait être avocat, s'inscrivit en année préparatoire de médecine et suivit des cours d'histoire juridique et de droit commercial avant de s'apercevoir qu'il n'était doué ni du détachement émotionnel nécessaire à la pratique de la médecine, ni de la capacité de lecture prolongée indispensable à l'étude du droit, surtout quand la lecture portait sur des questions de propriété et d'héritage. Tout en continuant à suivre çà et là des cours de P. C. B. et de droit des affaires, Ralph s'inscrivit également à un certain nombre d'U.V. de lettres et de philosophie, et il sentit qu'il était à deux doigts d'une formidable révélation sur lui-même. Mais cette révélation ne lui vint jamais. C'est durant cette période — son « passage à vide », comme il devait le dire plus tard — que Ralph se crut menacé d'un effondrement complet de ses facultés mentales ; il était membre d'une fraternité et il se soûlait tous les soirs. Il buvait tellement qu'il se fit une réputation et qu'on le surnomma « Jackson », par allusion au barman de La Chope.

Puis, lors de sa troisième année d'études, Ralph subit l'influence d'un professeur à la personnalité exceptionnelle. Le nom de cet être rare, auquel Ralph allait vouer une reconnaissance éternelle était Maxwell — le Dr Maxwell. C'était un quadragénaire charmant et gracieux, à la politesse raffinée, qui avait gardé une infime trace d'accent sudiste. Diplômé de l'université Vanderbilt de Nashville, il avait parachevé ses études en Europe et collaboré à des revues littéraires de la côte Est. Ralph avait opté pour la carrière d'enseignant. La décision lui était venue en un éclair ; il l'avait prise quasiment du jour au lendemain. Il refréna ses excès alcooliques, s'attela sérieusement à l'étude, et dans l'année qui suivit fut élu à l'Omega Psi, la fraternité nationale de journalisme, adhéra au Club d'Anglais, se remit au violoncelle, dont il n'avait pas joué depuis trois ans, et fut invité à se joindre à un orchestre de musique de chambre étudiant en formation ; il alla jusqu'à présenter sa candidature au secrétariat de l'association des étudiants de dernière année, et fut élu. C'est alors qu'il fit la connaissance de Marian Ross, une jeune fille svelte et élancée, à la pâleur délicate, qui s'était assise sur le siège voisin du sien durant un cours de littérature médiévale.

Marian Ross avait de longs cheveux qu'elle laissait flotter librement sur ses épaules, arborait volontiers des pulls à col roulé et promenait partout un grand sac en cuir qui lui ballottait de l'épaule au bout d'une longue courroie. Elle avait d'immenses yeux qui semblaient capables de tout absorber d'un seul regard. Ralph se sentait bien en sa compagnie. Ils allaient ensemble à La Chope ou dans d'autres établissements fréquentés par les étudiants, mais ne laissèrent jamais leurs sorties interférer avec leur travail, non plus d'ailleurs que leurs fiançailles, qui eurent lieu l'été suivant. Ils étaient aussi bûcheurs l'un que l'autre, et leurs parents respectifs ne se firent pas faute de donner leur aval à une aussi heureuse association. Au printemps, Ralph et Marian effectuèrent leur stage d'enseignement dans le même lycée, à Chico, et ils passèrent leur examen ensemble à la session de juin. Quinze jours après, ils se mariaient à l'église épiscopale Saint-James.

La veille de la cérémonie, ils s'étaient pris par la main juste avant de dormir et ils avaient fait vœu de préserver à tout jamais la ferveur et le mystère de leur union.

Ils avaient passé leur lune de miel à Guadalajara. En dépit du plaisir qu'ils prenaient à visiter des églises délabrées et des musées chichement éclairés, et des après-midi qu'ils passaient à explorer les marchés regorgeant d'échoppes fabuleuses, Ralph fut secrètement choqué par le mélange de misère sordide et de sensualité débridée qui s'étalait devant ses yeux. Il avait hâte de retrouver la quiétude de la Californie. Mais la vision qu'il devait toujours garder de ce voyage et qui le troubla par-dessus tout, n'avait strictement rien à voir avec le Mexique. Un soir que Ralph remontait la route poussiéreuse qui menait à la *casita* qu'ils avaient louée, il aperçut Marian accoudée à la balustrade de fer forgé de leur balcon. Elle était rigoureusement immobile, ses longs cheveux qui pendaient en avant d'elle lui masquaient les épaules, et son regard était perdu au loin, vers l'horizon. Elle portait un corsage blanc et s'était noué autour du cou un foulard d'un rouge vif. Ralph distingua nettement le relief de ses seins qui palpitaient doucement sous l'étoffe blanche du corsage. Il avait sous le bras une bouteille de vin d'un rouge sombre, dépourvue de toute étiquette, et cette vision le fit songer à une image de cinéma, une scène d'une intensité dramatique poignante où Marian avait naturellement sa place, mais dont il était lui-même exclu.

Juste avant de partir en voyage de noces, ils avaient accepté des postes d'enseignants au lycée d'Eureka, un gros bourg de la région forestière du nord de la Californie. Au bout d'un an, lorsqu'ils furent certains que la localité et le lycée correspondaient bien à leurs aspirations, ils achetèrent une maison à tempérament dans le quartier de Fire Hill. Quoiqu'il ne s'interrogeât jamais à ce sujet, Ralph avait le sentiment que Marian et lui s'entendaient à la perfection — ou du moins aussi bien que deux individus peuvent s'entendre. En outre, il était persuadé de bien se connaître lui-même, d'être conscient de ses limites, d'avoir une perception suffisamment claire de ses qualités et de ses défauts pour s'assigner des objectifs à sa portée. Ils avaient eu deux enfants, Dorothea et Robert, âgés maintenant de cinq et quatre ans. Quelques mois après la naissance de Robert, Marian avait accepté un poste de professeur de français et d'anglais dans un collège d'enseignement supérieur de la périphérie, et Ralph était demeuré au lycée. Ils se considéraient comme un couple heureux, et l'harmonie de leurs rapports n'avait été rompue que par une seule fausse note, vieille de bientôt deux ans. Ils n'avaient jamais reparlé de cette affaire, et désormais elle appartenait à un passé révolu. Pourtant, il arrivait à Ralph d'y penser — et il fallait même reconnaître que depuis quelque temps il y pensait de plus en plus fréquemment. D'horribles visions se formaient dans sa tête, des images d'une précision vertigineuse. Car il s'était persuadé que sa femme l'avait trompé, cet hiver-là, avec un certain Mitchell Anderson.

Mais, en ce dimanche de novembre, Ralph éprouvait un immense bonheur. C'était le soir, les enfants dormaient, et le sommeil le gagnait lentement lui-même tandis qu'il corrigeait des copies, assis sur le divan du salon, bercé par la musique de la radio qui jouait en sourdine dans la cuisine, où Marian était en train de repasser. Un moment encore, il considéra d'un œil vide les copies étalées devant lui, puis il les rassembla et éteignit la lampe.

— Tu as fini, chéri ? dit Marian avec un sourire en le voyant paraître à la porte de la cuisine. Elle était assise sur un haut tabouret et avait déjà posé son fer debout sur le talon, comme si elle avait pressenti sa venue.

— Foutre non, dit-il avec une grimace exagérée en jetant ses copies sur la table.

Marian éclata d'un rire sonore en levant le visage vers lui pour qu'il l'embrasse. Il lui déposa un rapide baiser sur la joue, attira une chaise à lui, s'y assit et la regarda en se balançant en arrière. Elle lui fit un autre sourire, puis elle baissa les yeux.

— Je dors debout, lui dit-il.

— Café ? fit-elle en tendant le bras vers la cafetière à percolation.

Il fit un signe de dénégation.

Elle prit la cigarette qu'elle avait posée dans le cendrier, en tira une bouffée en fixant le sol à ses pieds et la reposa dans le cendrier. Elle leva les yeux sur Ralph, et une expression de tendresse passa fugacement sur ses traits. Elle était grande, élancée, avec un buste bien pris, une taille fine et des yeux magnifiques, immenses, profonds.

— Est-ce qu'il t'arrive de penser à cette soirée? demanda-t-elle en évitant de le regarder.

Cette question le sidéra. Il changea de position sur sa chaise et répondit :

— Quelle soirée? Tu veux dire celle d'il y a deux ans, c'est ça?

Elle fit oui de la tête.

Il attendit, et comme elle n'ajoutait pas d'autre commentaire, il dit :

— Pourquoi? Hein, pourquoi? Dis-le, puisqu'il a fallu que tu en parles. Il t'a embrassée ce soir-là, n'est-ce pas? ajouta-t-il. Je le savais bien, va. Alors, il l'a fait, oui ou non?

— J'étais en train d'y penser, c'est pour ça que je t'ai posé la question, dit Marian. J'y pense encore de temps en temps.

— Il t'a embrassée, n'est-ce pas? Allez, avoue, Marian.

— Et toi, est-ce qu'il t'arrive de penser à cette soirée? demanda-t-elle.

— Pas vraiment, dit-il. C'est de l'histoire ancienne, tout ça. Ça remonte à combien de temps? Trois ans? Quatre ans? Tu peux bien me le dire, allez, insista-t-il. C'est à ce vieux Jackson que tu parles, ne l'oublie pas.

Ils éclatèrent de rire simultanément, et tout à coup, Marian s'interrompit.

— Oui. C'est vrai, dit-elle, il m'a embrassée plusieurs fois.

Elle souriait en disant cela, et Ralph savait qu'il aurait dû sourire aussi, mais il n'y arrivait pas.

— Ce n'est pas ce que tu m'as raconté, dit-il. Tu m'as soutenu qu'il s'était borné à te passer un bras autour des épaules en conduisant. Alors, laquelle des deux versions est la bonne ?

« Pourquoi as-tu fait ça ? » disait-elle d'un air rêveur. « Où étais-tu cette nuit ? » vociférait-il, debout au-dessus d'elle, les jambes flageolantes, le poing levé, prêt à la frapper à nouveau. « Je n'ai rien fait », disait-elle alors. « Je n'ai rien fait, pourquoi m'as-tu frappée ? »

— Comment est-ce qu'on en est arrivés à discuter de ça ? dit-elle.

— C'est toi qui en as parlé, dit Ralph.

— Je ne sais pas ce qui m'y a fait penser, dit-elle en secouant la tête.

Elle se mordit la lèvre et se remit à fixer le sol. Puis elle se redressa et releva les yeux sur Ralph.

— Range donc cette planche à repasser pour moi, chéri, et je nous préparerai une boisson chaude. Un rhum beurré. Hein, ça te dirait ?

— Bonne idée, dit Ralph.

Elle passa dans la salle de séjour, alluma la lampe et se baissa pour ramasser un magazine qui traînait par terre. Il regardait ses hanches bouger sous sa jupe de laine à carreaux. Elle alla se placer devant la fenêtre et resta un moment à regarder la rue doucement illuminée par la lueur des réverbères. Elle lissa le devant de sa jupe de la paume, puis se mit à rentrer machinalement le bas de son chemisier dans sa ceinture. Ralph se demandait si elle sentait ses yeux posés sur elle.

Il alla ranger la planche à repasser dans le placard à balais de la véranda, puis il revint s'asseoir à la même place. Au moment où Marian revenait dans la cuisine, il lui demanda :

— Et qu'est-ce qui s'est passé d'autre entre Mitchell Anderson et toi cette nuit-là ?

— Rien, dit Marian. Je n'y pensais déjà plus.

— A quoi pensais-tu, alors ?

— Aux enfants. A la robe que je voudrais acheter à Dorothea pour Pâques. Et à mon cours de demain. Je me demandais s'il n'était pas trop tôt pour leur faire étudier Rimbaud. (Elle s'esclaffa.) Tiens, ça rime. Je ne l'ai pas fait exprès. Non, Ralph, je t'assure, il n'est rien arrivé d'autre. Je regrette de t'en avoir parlé.

— Bon, dit Ralph.

Il se leva, s'adossa au mur à côté du réfrigérateur et la regarda préparer les grogs. Elle mesura deux cuillerées de sucre, les versa dans les tasses, ajouta le rhum et mélangea. L'eau frémissait déjà dans la bouilloire.

— Ecoute chérie, puisque tu en as reparlé, et vu qu'il s'agit d'une histoire vieille de quatre ans, je ne vois vraiment pas ce qui peut nous empêcher d'en discuter tranquillement si ça nous plaît, dit Ralph. Hein, qu'est-ce qui te gêne là-dedans ?

— Ça ne mérite vraiment pas qu'on en discute, dit Marian.

— Je veux savoir, dit-il.

— Savoir quoi ?

— Ce qu'il a fait, à part t'embrasser. Nous sommes adultes. Ça fait des années, littéralement, que nous n'avons pas vu les Anderson, nous ne les reverrons probablement jamais, et tout ça s'est passé il y a bien longtemps, alors je ne vois vraiment pas pour quelle raison on ne pourrait pas en parler.

Il était un peu surpris de s'entendre parler d'une voix aussi raisonnable. Il se rassit, posa les yeux sur la nappe, les releva sur Marian.

— Eh bien ? fit-il.

— Eh bien..., dit-elle.

Un sourire mutin se forma sur ses lèvres, elle pencha la tête de côté comme une fillette qui se retient de rire. Elle se souvenait.

— Non, Ralph, écoute. Vraiment, j'aimerais mieux pas.

— Mais enfin quoi, bon Dieu, Marian ! Je suis sérieux à présent, dit-il et il comprit soudain que c'était vrai.

Elle éteignit le gaz sous la bouilloire, posa une main sur son tabouret, puis se jucha dessus et accrocha ses talons au barreau inférieur. Elle se pencha en avant, les bras croisés en travers de ses cuisses, et le tissu de son chemisier se tendit sur ses seins. Elle tripotait machinalement sa jupe. Tout à coup, elle leva les yeux et se mit à parler.

— Tu te rappelles, Emily était partie avec les Beatty, mais Mitchell, lui, est resté pour une raison ou une autre. D'ailleurs, il avait été d'humeur plutôt grincheuse pendant toute la soirée. Peut-être qu'Emily et lui étaient en froid, je ne sais pas. Il ne restait plus que nous deux, les Franklin, et Mitchell Anderson. On était tous un peu pompettes. Je ne sais pas au juste pourquoi, mais je me suis retrouvée seule avec Mitchell dans la cuisine. Je suppose qu'il s'agissait d'une pure coïncidence. On n'avait plus rien à boire, il ne nous restait plus qu'un vague fond de vin blanc. Il ne devait pas être loin d'une heure du matin parce que Mitchell m'a dit : « Si nous déployons nos ailes de géants, nous aurons peut-être une chance d'arriver au magasin de spiritueux avant la fermeture. » Tu te rappelles comme il pouvait être théâtral quand il s'y mettait ? Esquisser un pas de claquette, se livrer à toutes sortes de mimiques ? En tout cas, moi, ce soir-là, je l'ai trouvé très drôle, très spirituel. Et il était rond comme une bille, bien entendu. Moi aussi, d'ailleurs. J'ai fait ça sur l'inspiration du moment, Ralph. Je ne sais pas pourquoi, ne me demande pas ce qui m'a pris, mais quand il a dit : « On y va ? », j'ai immédiatement accepté. On est sortis par la porte de derrière, sa voiture était là. On est partis comme ça, sans rien... on n'a même pas été chercher nos manteaux, on se disait qu'on n'en aurait que pour quelques minutes. Enfin, je ne sais pas ce qu'il pensait, c'est ce que je me disais, moi. Je ne sais pas pourquoi j'y suis allée, Ralph. Je te l'ai dit, j'ai fait ça sur l'inspiration du moment. Et ce n'était sans doute pas la bonne. (Elle fit une pause.) Ce qui est arrivé cette nuit-là était entièrement de ma faute, Ralph, et je le regrette. Je n'aurais jamais dû faire ça, je le sais bien.

— Merde ! s'écria Ralph avec emportement. Mais tu as toujours été comme ça, Marian !

Et aussitôt il sut qu'il venait d'exprimer une vérité neuve et profonde.

Une foule d'accusations se pressaient dans sa tête, et il s'efforçait d'en formuler une en particulier, mais il n'y arrivait pas. Il regarda ses mains et elles lui parurent inertes, mortes, exactement comme lorsqu'il l'avait vue sur le balcon de la *casita*. Il se saisit du crayon à bille rouge qui traînait sur la table à côté des copies, le reposa.

— Je t'écoute, dit-il.

— Qu'est-ce que tu écoutes ? dit Marian. Tu t'emportes, tu dis des gros mots, et c'est pour rien, Ralph. Pour rien, mon chéri. Il n'y a rien d'autre, dit-elle.

— Continue, dit Ralph.

— Mais qu'est-ce qui nous arrive ? dit-elle. Comment est-ce que ça a commencé, tu le sais, toi ? Je ne comprends pas ce qui nous a pris !

— Continue, Marian, dit-il.

— Mais c'est tout, Ralph, protesta-t-elle. Je t'ai tout dit. On a pris la voiture, on a roulé en bavardant. Il m'a embrassée. Je ne vois toujours pas comment on a fait pour rester partis pendant trois heures, comme tu me le soutenais.

— Dis-le-moi, Marian, insista Ralph, et il comprit que non seulement il s'était passé autre chose mais qu'en plus il l'avait toujours su. Un bref spasme lui contracta l'estomac, et il ajouta :

— Non. Si tu ne veux pas me le dire, ce n'est

pas grave. En fait, j'aime mieux que ça en reste là, dit-il.

Une pensée fugitive lui traversa l'esprit : s'il ne s'était pas marié, il serait ailleurs ce soir, occupé à tout autre chose, dans le calme, dans le silence.

— Ralph ? dit-elle. Tu ne te fâcheras pas, dis ? Ralph ? On ne fait que parler, d'accord ? Tu ne vas pas te mettre en colère, hein ?

Elle était descendue du tabouret et avait pris place sur une chaise, en face de lui.

— Non, dit-il, je ne me fâcherai pas.

— Promis ? dit-elle.

— Promis, dit Ralph.

Elle alluma une cigarette. Tout à coup, Ralph fut pris d'un violent désir de voir les enfants, de les tirer du lit, encore tout alourdis de sommeil, et de les faire sauter sur ses genoux jusqu'à ce qu'ils s'éveillent. Il concentra son attention sur une des petites malles-poste noires qui décoraient la nappe. Chacune de ces petites malles-poste était tirée par quatre minuscules chevaux blancs caracolant, un personnage microscopique coiffé d'un haut-de-forme blanc faisait claquer ses rênes sur le siège du postillon, des bagages étaient fixés à la galerie par d'invisibles courroies, une lanterne en forme de lampe-tempête se balançait sur le côté. Ralph écoutait, et il lui semblait que toutes les paroles qu'il entendait sortaient de cette petite voiture noire.

— ... on est allés directement au magasin de spiritueux, et je l'ai attendu dans la voiture. Il est ressorti avec un sac en papier dans une main et une poche de plastique pleine de glaçons dans l'autre. Il ne marchait pas très droit. Ce n'est qu'après qu'on eut redémarré que je me suis aperçue qu'il était vraiment très ivre. Il se tenait tout recroquevillé au-dessus du volant, il avait les yeux vitreux et roulait à une allure d'escargot. On échangeait des propos sans queue ni tête. On a parlé d'un tas de choses, je ne sais plus très bien de quoi. De Nietzsche. De Strindberg. Il devait monter *Mademoiselle Julie* au second semestre. Il a été question aussi de Norman Mailer et du couteau qu'il avait planté dans le sein de sa femme. Ensuite, il a fait un bref arrêt, en plein milieu de la route, il a débouché la bouteille, et on a bu un coup. Il m'a dit que l'idée qu'on puisse me planter un couteau dans le sein lui faisait horreur. Que mes seins, il avait envie de les embrasser. Il est allé se ranger sur le bas-côté de la route. Il a posé la tête sur mes cuisses...

Elle était de plus en plus volubile. Ralph avait posé ses deux mains croisées sur la table et il suivait le mouvement de ses lèvres. Il laissa son regard errer à travers la cuisine. Ses yeux glissèrent tour à tour sur la cuisinière, le porte-serviettes, les placards, le grille-pain, puis ils revinrent aux lèvres de Marian, et finalement se posèrent à nouveau sur la petite malle-poste noire. Etrangement, un début d'excitation lui vacillait dans le bas-ventre, puis il lui sembla éprouver les cahots de la malle-poste, il eut envie de crier : « Stop ! », et c'est alors qu'il entendit Marian qui disait : « Il m'a dit : “On tente le coup ?” » Et qui ajoutait : « C'est ma faute. Tout est uniquement de ma faute. Il m'a dit que c'était à moi de décider, qu'il ferait ce que je voudrais. »

Ralph ferma les yeux, secoua la tête, essaya d'imaginer une alternative, un dénouement différent. Il alla jusqu'à se demander s'il ne pourrait pas revenir en arrière, revivre cette soirée vieille de deux ans, se vit entrer dans la cuisine au moment où ils s'avançaient vers la porte, s'entendit lancer d'une voix joviale : « Ah ! non, Marian, tu ne sors pas avec ce Mitchell Anderson, il n'en est pas question ! Il est soûl comme une vache, il conduit comme un pied, et d'ailleurs il faut que tu ailles te coucher car tu dois te lever demain matin avec le petit Robert et la petite Dorothea, alors stop, tu m'entends ! Je te l'ordonne ! »

Il rouvrit les yeux. Elle s'était plaqué une main sur la figure et elle pleurait bruyamment.

— Pourquoi as-tu fait ça, Marian ? demanda-t-il.

Elle secoua la tête sans le regarder.

Et tout à coup il comprit ! Il lui sembla que le sol s'effaçait sous lui. L'espace d'un instant, il ne put rien faire d'autre que de fixer ses mains d'un œil hébété. La certitude s'enflait dans sa tête comme une marée tumultueuse.

— Bon Dieu ! Non ! Marian ! *Oh ! nom de Dieu !* s'écria-t-il en jaillissant brusquement de sa chaise. Oh ! mon Dieu ! Non, Marian !

— Non, non, fit-elle en rejetant la tête en arrière.

— Tu l'as laissé faire ! vociféra-t-il.

— Non, non, gémit-elle.

— Tu l'as laissé faire ! Tu l'as laissé tenter le coup ! Hein, tu l'as laissé, pas vrai ? *Tenter le coup !* Il a vraiment dit ça ? Réponds-moi ! glapit-il. Tu l'as laissé te baiser, hein ? Est-ce qu'il t'a joui entre les cuisses pendant que *vous tentiez le coup* ?

— Non, Ralph, écoute-moi, implora-t-elle d'une voix geignarde. Il ne l'a pas fait, je te le jure. Il ne m'a pas joui entre les cuisses.

Elle se balançait d'un côté à l'autre sur sa chaise.

— Oh ! bon Dieu ! Garce, sale garce ! hurla-t-il d'une voix perçante.

Elle se leva, tendit les bras vers lui.

— Mon Dieu, dit-elle. Est-ce qu'on devient fous, Ralph ? Est-ce qu'on est en train de perdre la raison ? Ralph ? Pardonne-moi, Ralph. Je t'en prie, pardonne...

— Ne me touche pas ! Ne t'approche pas de moi ! hurla-t-il.

Il criait à tue-tête. Marian avait si peur qu'elle s'était mise à panteler comme une bête blessée. Elle essaya de le retenir, de l'empêcher de sortir. Mais il la prit par l'épaule et l'écarta de son chemin.

— Pardonne-moi, Ralph ! lui cria-t-elle. Je t'en *supplie*, Ralph !

2

Dehors, la tête lui tourna et il fut obligé de s'appuyer contre une voiture. Deux couples en tenue de soirée avançaient le long du trottoir dans sa direction. L'un des deux hommes racontait une blague d'une voix retentissante. Ses compagnons s'esclaffaient déjà. D'une poussée, Ralph s'écarta de la voiture et il traversa la rue. Il arriva bientôt en vue du Blake's, un bar où il s'arrêtait parfois l'après-midi pour boire une bière avec Dick Koenig avant d'aller chercher les enfants à l'école.

Seules quelques bougies fichées dans des bouteilles éclairaient la pénombre. Ralph entrevit les silhouettes confuses d'hommes et de femmes qui parlaient à voix basse, leurs fronts se touchant presque. Un couple assis près de l'entrée interrompit sa conversation pour le regarder passer. Un rectangle noir tournoyait lentement au plafond, projetant sur la salle de petites mouchetures lumineuses. Deux hommes étaient perchés sur des tabourets à l'extrémité du comptoir, et un troisième se découpait en ombre chinoise sur le juke-box au-dessus duquel il se penchait, les mains posées à plat de part et d'autre de la vitre. Cet homme-là va mettre de la musique, se dit Ralph, avec le sentiment qu'il venait de faire là une découverte capitale. Il se pétrifia au milieu de la salle et le fixa avec curiosité.

— Ralph ! Mon cher monsieur Wyman !

Il se retourna. C'était David Parks qui le hélait de derrière son comptoir. Ralph s'avança vers lui, s'affala lourdement sur le comptoir, puis se hissa sur un tabouret.

— Je vous en tire une, M. Wyman ? dit Parks.

Il tenait un verre vide à la main et souriait. Ralph fit oui de la tête. Parks plaça le verre sous le robinet. Il le tenait incliné et le redressa graduellement au fur et à mesure qu'il s'emplissait.

— Alors, M. Wyman, ça roule ? dit Parks en posant un pied sur le bord d'une étagère au-dessous du comptoir. D'après vous, qui va gagner le match samedi prochain ?

Ralph fit signe qu'il n'en savait rien et porta le verre à ses lèvres. Parks toussota et dit :

— Cette bière est à mon compte, M. Wyman. C'est moi qui vous l'offre.

Il reposa son pied à terre, souligna sa déclaration d'un hochement de tête et passa une main sous son tablier pour atteindre sa poche.

— Non, laissez, j'ai ce qu'il faut, dit Ralph en sortant quelques pièces de monnaie de sa poche.

Il examina sa monnaie et la compta soigneusement, comme si elle avait pu lui livrer la clé d'un code. Une pièce de vingt-cinq *cents*, deux de dix *cents*, et deux petits pennies en cuivre. Il posa la pièce de vingt-cinq *cents* sur le comptoir, se leva et rempocha le reste de sa monnaie. L'homme était toujours penché au-dessus du juke-box, les bras écartés, les deux mains appuyées sur les bords de la vitre.

Dehors, Ralph resta un moment à danser d'un pied sur l'autre en essayant de décider d'une destination. Son cœur battait à tout rompre. On aurait dit qu'il venait de courir un cent mètres. La porte s'ouvrit dans son dos et un couple sortit du bar. Ralph s'écarta pour les laisser passer et ils se dirigèrent vers une auto garée le long du trottoir. Au moment où elle montait en voiture, la femme rejeta ses cheveux en arrière et ce geste emplit Ralph d'une terreur sans nom.

Il marcha jusqu'au prochain coin de rue, traversa,

parcourut encore la longueur d'un bloc et décida soudain de se diriger vers le centre. Il marchait rapidement, les poings enfoncés dans les poches, ses semelles claquant sur l'asphalte. Il clignait des yeux sans arrêt. C'était donc là qu'il vivait ? Ça lui paraissait incroyable. Il secoua la tête. Il aurait voulu s'asseoir quelque part pour y réfléchir à son aise, mais il savait qu'il serait incapable de rester assis, incapable de réfléchir. Il se souvint d'un homme qu'il avait aperçu un jour à Arcata, assis au bord d'un trottoir — un vieux bonhomme mal rasé, coiffé d'un bonnet de laine marron, prostré sur son bord de trottoir, les bras entre les jambes. Ensuite, Ralph pensa : Marian ! Dorothea ! Robert ! Non, ce n'était pas possible. Il essaya de s'imaginer ce qu'il penserait de tout cela dans vingt ans, mais rien ne lui venait. Puis il imagina qu'il confisquait un bout de papier que ses élèves faisaient circuler entre eux et qu'en l'ouvrant il y trouvait inscrit : *Alors, on tente le coup ?* Puis, il ne pensa plus à rien. Puis, il éprouva une profonde indifférence. Puis, il pensa à Marian. Il revit Marian telle qu'il l'avait vue tout à l'heure, le visage convulsé. Puis, il la vit par terre, la bouche en sang, disant : « Pourquoi m'as-tu frappée ? » Puis, glissant les mains sous sa robe pour dégrafer sa gaine. Puis, retroussant sa robe et s'arquant en arrière ! Puis, emportée par le feu de la passion, hurlant des obscénités.

Il s'arrêta dans sa marche. Il avait le cœur au bord des lèvres. Il se pencha au-dessus du caniveau. Sa gorge se soulevait, mais il n'en sortait rien. Il se redressa lorsqu'une voiture pleine d'adolescents braillards passa dans la rue, le saluant d'un grand coup de son avertisseur musical. Oui, se dit-il, un grand mal presse l'univers de toutes parts, et il lui suffirait de la moindre crevasse, de la plus minuscule fissure pour s'y introduire.

Il pénétra dans la section de la ville qui débute à l'angle de Shelton et de la Deuxième Rue, à l'endroit précis où s'arrête le carré formé par les hôtels pouilleux qui louent des chambres à l'année et s'étend sur quatre ou cinq blocs, jusqu'à la jetée de bois où les pêcheurs amarrent leurs barques. Ce quartier — que les gens du coin nomment « le quartier de la Deux » —, Ralph n'y était venu qu'une seule fois, six ans plus tôt, pour explorer les rayons poussiéreux d'une bouquinerie.

Il avisa un magasin de spiritueux sur le trottoir d'en face. Debout à l'intérieur, juste derrière la porte vitrée, un homme lisait un journal. Quand Ralph poussa la porte, une sonnette tintinnabula et il faillit fondre en larmes. Il acheta un paquet de cigarettes et ressortit. Il continua dans la même direction, inspectant les vitrines au passage, examinant les affiches placardées sur certaines d'entre elles. L'une annonçait un bal, une autre lui apprit que le Cirque Shrine était passé par là l'été dernier, une troisième appelait à élire un certain *Fred C. Walters* au conseil municipal. Dans une vitrine, il aperçut des lavabos et des tubes coudés étalés sur une table, et cette vision lui fit monter des larmes aux yeux. Il passa devant un Gymnase Vic Tanney ; la devanture était masquée par des rideaux, mais un rai de lumière filtrait sous les rideaux et il perçut les clapotements d'une piscine et entendit des voix joyeuses qui s'interpellaient d'un bout à l'autre du bassin. L'éclairage de la rue était moins diffus à présent à cause des lumières des bars et des cafés qui s'alignaient des deux côtés de la rue, et les passants étaient plus nombreux — surtout des groupes de trois ou quatre personnes, mais aussi, de loin en loin, un homme seul ou une femme en pantalon criard qui arpentait le trottoir d'un pas vif. Ralph s'arrêta à la devanture d'un bar et regarda des Noirs qui jouaient au billard. Une fumée bleuâtre flottait paresseusement sous le plafonnier au néon qui éclairait la table. L'un des joueurs, un feutre vissé sur le crâne, une cigarette au bec, était en train de passer son procédé à la craie. Il dit quelque chose à un autre joueur, et cela les fit sourire tous les deux. Ensuite, le premier joueur examina la position des billes avec une attention soutenue, et il se pencha au-dessus de la table.

Ralph s'arrêta devant un restaurant qui s'appelait le Jim's Oyster House, ainsi que le proclamait l'enseigne au-dessus de la porte, en lettres formées d'une multitude de petites ampoules jaunes. Au-dessus de l'enseigne, fixée à une grille d'acier, il y avait une énorme coquille de clam en néon d'où dépassait une paire de jambes humaines. Les jambes étaient formées de néons rouges qui clignotaient alternativement de manière à donner l'impression que l'homme dont le torse avait été avalé par le clam se débattait et ruait. Ralph n'était jamais entré dans ce restaurant. Il n'avait jamais mis les pieds dans aucun de ces endroits. Il alluma une cigarette au mégot de la précédente, poussa la porte et entra.

Il y avait foule à l'intérieur. Des couples enlacés, agglutinés sur la piste de danse, s'étaient figés dans des attitudes hiératiques en attendant que l'orchestre reprenne. Ralph se fraya un chemin jusqu'au bar. Une femme soûle agrippa brièvement un pan de son manteau au passage. Il n'y avait pas un seul tabouret de libre, et il se retrouva debout à l'extrémité du comptoir, coincé entre un garde-côte en uniforme et un type vêtu d'une tenue en jean, au visage creusé de rides profondes. Dans le miroir du bar, il vit les musiciens de l'orchestre quitter leur table et se diriger vers l'estrade où ils avaient laissé leurs instruments. Ils portaient des pantalons noirs et des chemises de cow-boy blanches, avec de fines cordelières rouges en guise de cravates. L'estrade était à côté d'une cheminée avec des bûches artificielles illuminées par de fausses flammes rougeoyantes. Le leader pinça les cordes de sa guitare électrique et chuchota quelque chose aux autres musiciens avec un sourire entendu. Ensuite, ils se mirent à jouer.

Ralph porta son verre à ses lèvres et le vida d'un trait. Il entendit une femme assise sur un tabouret un peu plus loin s'exclamer : « En tout cas, ça va barder, tu peux me croire ! » Elle disait cela d'une voix rageuse. L'orchestre arriva au bout de son morceau et enchaîna aussitôt. Le bassiste s'avança vers le micro et se mit à chanter, mais Ralph n'arrivait pas à saisir ce qu'il disait. Quand l'orchestre s'interrompit à nouveau, Ralph chercha les toilettes des yeux. Il distingua des portes qui semblaient animées d'un mouvement perpétuel à l'autre extrémité du bar et il mit le cap sur elles. Il titubait un peu. Il était ivre à présent, il le savait. Une des portes était surmontée d'un bois de cerf monté sur écusson. Un homme la poussa, entra; un second la retint, sortit. Ralph entra à son tour et se joignit à la file qui s'était formée devant l'urinoir. Tandis qu'il attendait, il se mit à fixer d'un œil hypnotisé les deux cuisses écartées et la vulve ouverte maladroitement dessinées sur le mur au-dessus d'un distributeur de peignes en plastique. Sous le dessin, on avait griffonné : BOUFFE-MOI, et plus bas encore une autre main avait inscrit : *Betty M. bouffe les minettes, RA 52275.* La file avança et Ralph suivit le mouvement, le cœur serré à la pensée de cette Betty. Il accéda enfin à l'urinoir et se soulagea. Le jet lui fit l'effet d'un éclair jaillissant. Il soupira, se pencha en avant et appuya son front à la paroi. Oh! Betty, songeait-il. Sa vie avait changé, il s'en rendait bien compte. Du fond de son ivresse, il se demanda s'il existait d'autres hommes qui, en se penchant sur un incident isolé de leur vie, étaient capables d'y déceler les prémices d'une catastrophe qui bouleverserait par la suite le cours de leur destinée. Un moment encore, il resta dans cette posture puis il abaissa son regard et s'aperçut qu'il s'était pissé sur les doigts. Il alla au lavabo et, jugeant préférable de ne pas user de la barre de savon douteuse, se fit couler de l'eau sur les doigts. Tandis qu'il déroulait l'essuie-mains, il approcha son visage du miroir tout piqué et se regarda dans le blanc des yeux. Un visage : que peut-il y avoir de plus banal ? Il toucha le miroir du doigt, puis s'écarta pour laisser passer un homme qui voulait user du lavabo.

En ressortant des toilettes, il avisa une porte vitrée à l'autre bout du couloir. Il s'en approcha et vit quatre joueurs de cartes assis autour d'une table tapissée de feutre vert. Aux yeux de Ralph, il se dégageait de ce spectacle une impression d'indicible sérénité. Les gestes silencieux des joueurs lui semblaient à la fois pleins de grâce et lourds de sens. Il colla son nez à la vitre et continua à regarder jusqu'à ce que les joueurs remarquent sa présence.

Dans la salle, de bruyants accords de guitare retentirent, salués par une salve d'applaudissements et de sifflets. On poussa vers l'estrade une femme d'un certain âge, grassouillette, engoncée dans une robe du soir en satin blanc. Elle faisait mine de résister, mais Ralph voyait bien que ce n'était qu'un jeu. A la fin, elle accepta le micro qu'on lui tendait et fit une courte révérence. Le public siffla et trépigna. Et soudain, il comprit que son unique chance de salut était de se retrouver dans la pièce avec les joueurs, de les regarder de près. Il sortit son portefeuille et en vérifia le contenu en le couvrant prudemment de ses mains. Derrière lui, la femme se mit à chanter d'une voix rauque et somnolente.

Le donneur leva les yeux.

— Vous avez décidé de vous joindre à nous? fit-il en balayant Ralph d'un rapide regard avant de retourner à son jeu.

Les autres joueurs lui lancèrent de brefs coups d'œil, puis leurs yeux se reposèrent sur les cartes qui glissaient en travers du tapis vert. Ils ramassèrent leurs cartes. L'homme qui était assis juste devant Ralph émit un reniflement bruyant, se retourna et le regarda d'un air excédé.

— Benny, amène une autre chaise! lança le donneur à l'intention d'un vieux bonhomme qui passait un balai sous une table sur laquelle étaient posées des chaises retournées.

Le donneur était un homme à la carrure imposante, vêtu d'une chemise blanche ouverte au col dont il avait retroussé les manches au-dessus de ses avant-bras couverts de poils drus et noirs. Ralph prit une profonde inspiration.

— Vous boirez quelque chose? interrogea Benny en lui apportant sa chaise.

Ralph tendit un billet d'un dollar au vieil homme et il se débarrassa de son manteau. Le vieux Benny le prit et l'accrocha à un portemanteau près de la porte en sortant. Deux des joueurs déplacèrent leurs chaises et Ralph s'assit face au donneur.

— Ça va comme vous voulez? lui dit le donneur, sans lever les yeux.

— Oui, oui, ça va, dit Ralph.

D'une voix très douce, les yeux toujours baissés, le donneur ajouta :

— Poker régulier, cinq cartes. Les relances sont limitées à cinq dollars.

Ralph hocha la tête, attendit que le coup soit fini et prit pour quinze dollars de jetons. Il regarda les cartes qui défilaient à toute allure, puis ramassa son jeu en imitant le geste qu'il avait toujours vu faire à son père, qui consistait à glisser chaque carte sous le coin de la précédente à mesure qu'elles s'abattaient devant lui. A un moment, il leva les yeux et dévisagea rapidement les autres joueurs. Il se demandait si l'un d'eux avait déjà vécu la même chose que lui.

Une demi-heure plus tard, il avait gagné deux fois, et il se dit qu'il devait lui rester quinze dollars, peut-être même vingt, en plus du petit tas de jetons posé devant lui. Il réclama un autre verre, qu'il régla à l'aide d'un jeton, et tout à coup il réalisa qu'il avait parcouru un très long chemin au cours de cette soirée, que sa vie avait changé du tout au tout. *Jackson*, se dit-il. Oui, il avait retrouvé Jackson.

— Alors, vous suivez ou pas ? demanda l'un des joueurs. Eh, Clyde, le blind est de combien déjà ? ajouta-t-il en s'adressant au donneur.

— Trois dollars, dit le donneur.

— Je suis, dit Ralph. Je suis, confirma-t-il en plaçant trois jetons dans le pot.

Le donneur leva brièvement les yeux sur lui.

— Si vous voulez vraiment voir de l'action, vous n'aurez qu'à m'accompagner chez moi à la fin de cette partie, lui dit-il.

— Non, ça va bien comme ça, merci, dit Ralph. De l'action, j'en ai eu plus qu'il m'en fallait ce soir. J'ai découvert le pot aux roses, vous comprenez. Ma femme s'est envoyée en l'air avec un autre homme il y a deux ans. J'ai tout découvert ce soir.

Il s'éclaircit la gorge.

L'un des joueurs posa ses cartes sur la table et il alluma son cigare. Il tira sur le cigare en fixant Ralph des yeux, puis il secoua son allumette et reprit ses cartes. Le donneur leva les yeux et posa les deux mains à plat sur la table. Les poils noirs se détachaient nettement sur la peau basanée de ses mains.

— Vous travaillez ici, à Eureka ? demanda-t-il à Ralph.

— Je vis ici, dit Ralph.

Il se sentait vide, merveilleusement léger.

— On joue ou quoi ? dit un des hommes. Clyde ?

— Y a pas le feu, dit le donneur.

— Enfin quoi, bon Dieu, fit l'homme entre ses dents.

— Qu'est-ce que vous avez découvert ce soir ? demanda le donneur.

— Ma femme, dit Ralph. Elle a avoué.

Dans l'allée de derrière, il ressortit son portefeuille et vérifia à nouveau son contenu. Il ne lui restait que deux billets d'un dollar, et il lui semblait qu'il avait un peu de monnaie au fond d'une de ses poches. Juste de quoi manger un morceau — mais il n'avait pas faim. Il s'accota au mur de brique et s'efforça de remettre de l'ordre dans ses idées. Une voiture s'engouffra dans la ruelle, avança de quelques mètres et ressortit en marche arrière. Ralph se mit à marcher. Il prit en sens inverse le chemin qui l'avait mené jusque-là. Il rasait les murs pour éviter les passants qui déambulaient le long du trottoir en échangeant de bruyants propos. Il entendit une femme vêtue d'un long manteau qui disait à son compagnon : « Non, non, Bruce, tu n'y es pas du tout. Tu n'y comprends rien ! »

Il s'arrêta devant le magasin de spiritueux, poussa la porte et entra. Il s'avança jusqu'au comptoir et étudia les rangées de bouteilles soigneusement alignées sur leurs étagères. Il s'acheta un autre paquet de cigarettes et une petite bouteille de rhum, dont l'étiquette lui avait accroché l'œil. Elle représentait des palmiers aux larges feuilles pendantes, sur fond de lagon tropical. Et puis il s'aperçut que c'était du rhum — du *rhum* ! — et il crut qu'il allait tourner de l'œil. Le vendeur, un homme maigre et chauve dont le pantalon était retenu par des bretelles, lui emballa sa bouteille dans un sac en papier, fit tinter sa caisse enregistreuse et lui adressa un clin d'œil.

— Alors, fit-il, on s'offre un petit extra ce soir ?

En sortant du magasin, Ralph prit la direction du port. Il avait envie de voir le reflet des lumières sur l'eau. Il se demandait comment le Dr Maxwell se serait comporté dans une situation pareille. Il plongea une main dans le sac en papier tout en marchant, brisa le cachet de la petite bouteille, s'arrêta dans une entrée d'immeuble et avala une grande lampée de rhum. Il se dit que le Dr Maxwell serait allé s'asseoir au bord de l'eau et qu'il aurait médité sur tout cela avec son flegme d'homme bien né. Il traversa une rue où passaient des rails de tramway désaffectés, tourna un coin et s'engagea dans une autre rue, plus obscure. Déjà, le bruit des vagues qui s'écrasaient au pied de la jetée lui parvenait. Et puis il perçut un mouvement dans son dos. Un Noir de petite taille, vêtu d'un blouson de cuir, surgit brusquement devant lui en disant : « Eh mec, une minute, tu veux ? » Comme Ralph essayait de le contourner, le Noir fit : « Eh là, dis-donc, tu me marches sur les pieds ! », et au moment où il allait prendre ses jambes à son cou, il lui expédia un solide crochet à l'estomac. Ralph poussa un gémissement et fit tout ce qu'il pouvait pour s'écrouler, mais le Noir lui frappa le nez du plat de la main. Le coup l'envoya dinguer contre un mur, et il tomba assis, une jambe repliée sous lui. Il essaya de se redresser, mais le Noir lui assena une gifle retentissante et il s'étala de tout son long sur le trottoir.

3

Il fixa son regard sur un point précis et c'est alors qu'il les vit. Une nuée d'oiseaux tourbillonnant sur le ciel gris et bas. De ces oiseaux de mer, qui remontent toujours de l'océan à l'aube. Un voile de brume obscurcissait encore la rue, et il dut marcher avec précaution pour ne pas écraser les escargots qui rampaient sur le trottoir mouillé. Une voiture ralentit au moment où elle le dépassait. Ses phares étaient allumés. Une deuxième voiture passa, puis une troisième. Il les suivit du regard. Des ouvriers qui vont à l'usine, marmonna-t-il entre ses dents. On était lundi matin. Il tourna un coin, passa devant le Blake's. Les stores étaient baissés, un rang de bouteilles vides semblait monter la garde devant l'entrée. Ralph avait froid. Il marchait le plus vite possible, et de temps en temps croisait les bras sur sa poitrine et se frottait les épaules. Il arriva enfin devant chez lui. La lanterne du porche brûlait, mais les fenêtres étaient obscures. Il traversa la pelouse et fit le tour de la maison. Il tourna la poignée et la porte s'ouvrit sans bruit. La maison était plongée dans un profond silence. Le haut tabouret était là, posé contre la paillasse de l'évier. C'est à cette table qu'ils s'étaient assis. Ralph s'était levé du divan, il était entré dans la cuisine et il s'était assis. Avait-il fait autre chose ? Non, il n'avait rien fait d'autre. Il regarda l'horloge murale au-dessus du réchaud. De l'endroit où il se tenait, il avait vue sur la salle à manger, la table ronde avec sa nappe en dentelle et le lourd compotier en verre à décor de flamants roses qui trônait en son centre. De l'autre côté de la table, les rideaux étaient ouverts. S'était-elle mise à cette fenêtre pour guetter son retour ? Il pénétra dans la salle de séjour, foulant l'épaisse moquette. Le manteau de Marian gisait en travers du divan, et dans le pâle demi-jour il distingua la forme d'un cendrier rempli à ras bord de mégots à bout de liège. En traversant la pièce, il remarqua aussi l'annuaire du téléphone ouvert sur la table à café. Il s'arrêta devant la porte de leur chambre. Elle était entre-bâillée. Apparemment, elle avait tout laissé ouvert à son intention. Il résista d'abord à l'envie de vérifier si Marian était bien là, puis il poussa la porte d'un doigt et l'ouvrit un peu plus. Elle dormait, la tête à côté de l'oreiller, le visage tourné vers le mur, ses cheveux noirs étalés sur le drap blanc, les couvertures ramassées en boule sur ses épaules. Elle les avait arrachées du pied du lit. Marian était couchée en chien de fusil, les hanches repliées sur son corps secret. Ralph la regardait fixement. Qu'est-ce qu'il était censé faire ? Rassembler ses affaires et partir ? Aller à l'hôtel ? Prendre certaines dispositions ? Comment un homme est-il supposé se conduire en de telles circonstances ? Certains événements s'étaient produits, il l'avait compris. Mais sa compréhension butait sur les événements à venir. La maison était très silencieuse.

Il retourna dans la cuisine et s'assit, la tête sur ses bras repliés. Il ne savait pas comment s'y prendre. Il ne savait pas quoi faire. Et pas seulement dans ce cas précis, non, en général aussi. Non seulement il ignorait ce qu'il allait faire aujourd'hui et demain, mais en plus il ignorait ce qu'il ferait tous les autres jours de sa vie. Il entendit les enfants qui remuaient. Il se redressa sur sa chaise et se força à sourire lorsqu'ils entrèrent dans la cuisine.

— Papa, papa ! criaient-ils en accourant vers lui sur leurs petites jambes.

— Raconte-nous une histoire, papa, dit Robert en lui grimpant sur les genoux.

— Il peut pas, dit Dorothea. Il est trop tôt pour les histoires, hein, papa ?

— Qu'est-ce que t'as sur la figure, papa ? dit Robert en pointant l'index vers son nez.

— Fais voir ! dit Dorothea. Fais voir, papa !

— Pauvre papa, dit Robert.

— Qu'est-ce que tu t'es fait à la figure, papa ? dit Dorothea.

— Ce n'est rien, dit Ralph. Rien du tout, mon petit cœur. Allez, descends de là, Robert. J'entends maman qui arrive.

Ralph se précipita dans la salle de bains et il verrouilla la porte.

Il entendit Marian crier :

— Votre père est là ? Où est-il — dans la salle de bains ? Ralph ?

— Maman, maman ! s'exclama sa fille. Papa a du sang sur la figure !

— Ralph ! fit-elle en agitant le bouton de la porte. Ralph, laisse-moi entrer, mon chéri. Ralph ! Oh ! je t'en prie, chéri, laisse-moi entrer. Je veux te voir. Ralph ? Je t'en prie !

— Va-t'en, Marian.

— Non, je ne peux pas, dit-elle. Ralph, s'il te plaît, ouvre cette porte. Rien qu'une minute, mon chéri. Je veux te regarder, c'est tout. Ralph. Ralph ? Les enfants prétendent que tu es blessé. Qu'est-ce que tu as, chéri ? Ralph ?

— Va-t'en.

— Ralph, ouvre-moi, s'il te plaît.

— Tais-toi, je t'en prie, tais-toi ! lui dit Ralph.

Elle resta encore un moment à la porte, tourna la poignée une ou deux fois de plus, puis Ralph l'entendit qui allait et venait dans la cuisine, faisant déjeuner les enfants, s'efforçant de répondre à leurs questions. Il se regarda très longuement dans le miroir du lavabo. Il se fit des grimaces. Il essaya toute une variété de mimiques, puis il se fatigua de ce jeu, tourna le dos au miroir, s'assit sur le rebord de la baignoire et entreprit de dénouer ses lacets. Il resta là, une chaussure à la main, et s'abîma dans la contemplation des minuscules trois-mâts qui voguaient sur la vaste étendue bleue du rideau de douche en plastique. Il repensa aux petites malles-poste noires de la nappe et il faillit crier : « Stop ! » Il déboutonna sa chemise, se pencha sur la baignoire en soupirant et mit la bonde de caoutchouc en place. Il ouvrit le robinet d'eau chaude, et bientôt un nuage de vapeur s'éleva du fond de la baignoire.

Il resta un moment au garde-à-vous, nu, sur le carrelage, avant d'entrer dans l'eau. Il pinça entre ses doigts la chair flasque de ses hanches. Il s'examina à nouveau dans le miroir voilé de buée. En entendant Marian qui appelait son nom, il sursauta violemment.

— Ralph. Les enfants s'amusent dans leur chambre. J'ai téléphoné à Von Williams pour le prévenir que tu serais absent aujourd'hui. Je vais rester à la maison aussi.

Elle demeura silencieuse un instant, puis ajouta :

— Je t'ai gardé ton petit déjeuner au chaud, mon chéri. Tu pourras le manger en sortant de ton bain. Ralph ?

— Tais-toi, je t'en prie, dit-il.

Il demeura dans la salle de bains jusqu'à ce que Marian ait gagné la chambre des enfants. Elle les habillait, leur demandait si ça leur plairait d'aller jouer avec Warren et Roy. Il traversa la maison, entra dans la chambre et ferma la porte. Il inspecta le lit avant de se glisser dans les draps. Il s'allongea sur le dos et fixa le plafond. Il s'était levé du divan, il était entré dans la cuisine et il... *s'était... assis*. Il ferma brusquement les paupières, se retourna sur le flanc et à cet instant précis, Marian pénétra dans la pièce. Elle glissa une main sous les draps et lui caressa doucement le dos.

— Ralph, dit-elle.

En sentant ses doigts se poser sur lui, il s'était raidi. Peu à peu, il s'abandonna. C'était plus facile de s'abandonner. La main de Marian escalada sa hanche, descendit vers son abdomen, et à présent elle pressait son corps contre lui, s'asseyait sur lui, allait et venait sur lui. En y repensant par la suite, il devait se dire qu'il s'était retenu aussi longtemps que c'était humainement possible. Et puis il se retourna vers elle. Il tournait sur lui-même, tournait avec une lenteur de rêve, tournait et tournait encore, émerveillé par les impossibles changements qu'il sentait remuer en lui.

Traduction : François Lasquin

Tant d'eau si près de la maison

Mon mari mange de bon appétit. Mais je ne pense pas qu'il ait vraiment faim. Il mâche, les bras sur la table, fixant un point au milieu de la chambre. De temps en temps, il me regarde, puis il détourne les yeux. Il s'essuie la bouche avec une serviette, hausse les épaules et se remet à manger.

— Pourquoi me dévisages-tu comme ça? me demande-t-il. Hein? Qu'est-ce qu'il y a?

Et il reposa sa fourchette. Moi, je réponds en secouant la tête :

— Moi, je te dévisageais?

A ce moment, voilà le téléphone qui sonne.

— Ne réponds pas, m'ordonne mon mari.

— Ça pourrait être ta mère.

— On verra bien.

Je décroche et j'écoute. Mon mari cesse de manger.

— Alors? Qu'est-ce que je te disais? me lance-t-il lorsque j'ai raccroché.

Il se remet à mastiquer, puis brusquement jette sa serviette dans son assiette et se fâche.

— Nom de Dieu, pourquoi les gens ne s'occupent-ils pas de leurs affaires ? Dis-moi ce que j'ai fait de mal, je t'écouterai. Je n'étais pas le seul homme là-bas. Nous en avons discuté et pris la décision ensemble. On ne pouvait tout de même pas faire demi-tour. On était à plus de six kilomètres de la voiture. Tu n'as pas le droit de me juger, tu m'entends ?

— Toi, tu sais, dis-je.

— Qu'est-ce que je sais, Claire ? Dis-le moi ce que je suis supposé savoir ! Moi, je ne sais qu'une chose (le regard qu'il pose sur moi me paraît lourd de sens), c'est que la femme était morte. J'en suis aussi désolé que n'importe qui. Mais pour morte, elle l'était.

— C'est toute la question.

Il lève les mains, repousse sa chaise de la table, prend une cigarette et sort par la porte de derrière avec une boîte de bière. Je le vois qui s'assied sur une chaise longue et se replonge dans le journal.

Son nom s'étale sur la première page, avec les noms de ses amis.

Je ferme les yeux et m'accroche à l'évier. Puis mon bras balaie la vaisselle rangée sur l'égouttoir. Tous les plats tombent sur le sol.

Il ne bronche pas. Je sais qu'il a entendu. Maintenant, voici qu'il dresse la tête, comme s'il écoutait encore. Mais pour le reste il demeure immobile en me tournant le dos.

Lui et Gordon Johnson et Mel Dorm et Vern Williams, ils aiment le poker, le bowling, la pêche. Ils pêchent chaque printemps jusqu'au début de l'été, avant que les visites de parents et d'amis ne les en empêchent. Ce sont des hommes comme il faut, des pères de famille, des travailleurs honnêtes et consciencieux. Ils ont des fils et des filles qui vont à l'école avec notre garçon, Dean.

Vendredi dernier, ces pères de famille sont partis pour la rivière, la Naches. Ils ont parqué la voiture dans les montagnes et poursuivi leur chemin à pied, vers l'endroit où ils comptaient pêcher. Ils portaient leurs sacs de couchage, leurs provisions, leurs cartes à jouer et leur whisky.

Ils ont aperçu la fille avant d'installer le camp. C'est Mel Dorm qui l'a découverte. Elle était complètement nue. Son corps flottait, retenu par des branchages qui émergeaient de l'eau.

Mel a appelé les autres qui sont venus voir. Ils se sont demandé ce qu'il fallait faire. Un des hommes — mon Stuart ne m'a pas dit lequel — a proposé de rentrer aussitôt. Les autres, grattant le sable du talon, ont avoué que cela ne leur disait rien. Ils ont invoqué la fatigue, l'heure tardive... Et puis, quoi qu'ils fassent, la fille ne s'en irait pas.

Pour finir, ils se sont remis en route, ont établi leur camp, fait un feu et bu leur whisky. Quand la lune s'est levée, ils ont reparlé de la fille. Quelqu'un a dit qu'ils devraient empêcher le corps de filer à la dérive. Ils ont pris leurs torches et sont retournés à la rivière. Un des hommes, peut-être mon Stuart, a pataugé jusqu'à la fille, l'a saisie à pleines mains et tirée sur la berge. Il lui a attaché une sorte de corde de nylon aux poignets et il a enroulé l'autre bout à un arbre.

Le lendemain matin, ils ont préparé leur petit déjeuner, bu du café, du whisky, et se sont séparés pour aller à la pêche. Le soir, ils ont cui leurs poissons, des pommes de terre, bu du café et du whisky, après quoi ils sont descendus à la rivière pour laver assiettes et casseroles à l'endroit où se trouvait la fille.

Plus tard, ils ont joué aux cartes, sans doute jusqu'à ce qu'il n'y ait plus assez de lumière pour y voir. Vern Williams s'est endormi, les autres ont raconté des histoires. Gordon Johnson prétendait que les truites qu'ils avaient attrapées étaient dures à cause de cette eau terriblement froide.

Le matin suivant, ils se sont levés tard. Ils ont bu du whisky, pêché un peu, replié leurs tentes, enroulé leurs sacs de couchage, réuni leurs affaires et pris le chemin du retour. Ils ont arrêté la voiture à la première cabine téléphonique. C'est Stuart qui a appelé tandis que les autres écoutaient, dehors, au soleil. Stuart a donné leurs noms au shérif. Ils n'avaient rien à cacher, rien à se reprocher. Ils ont attendu que quelqu'un vienne pour lui indiquer précisément l'endroit et enregistrer leurs dépositions.

Moi, je dormais quand Stuart est rentré. Mais je me suis réveillée en l'entendant dans la cuisine. Je l'y ai trouvé, appuyé contre le frigidaire, tenant une boîte de bière. Ses gros bras lourds m'ont enlacée, ses mains épaisses me grattaient le dos. Au lit, il a remis ça, puis il s'est interrompu comme s'il pensait à autre chose.

Je me suis tournée vers lui, j'ai ouvert les jambes. Après, je pense qu'il est resté éveillé.

Le matin, il s'est levé avant moi. Pour voir s'il y avait quelque chose dans le journal, je suppose.

Le téléphone s'est mis à sonner. Il était à peine huit heures.

J'ai entendu Stuart crier :

— Va te faire foutre !

Aussitôt après, la sonnerie a retenti à nouveau.

— Je n'ai rien à ajouter à ce que j'ai dit au shérif, a-t-il lancé en reclaquant l'appareil.

— Que se passe-t-il ? ai-je demandé.

C'est alors qu'il m'a raconté ce que je viens de vous dire.

Je balaie la vaisselle cassée et je sors. Maintenant, il est couché dans l'herbe, sur le dos, le journal et la bière à portée de la main.

— Stuart, lui dis-je, si on allait faire un tour ?

Il roule sur lui-même et me fixe.

— On achètera de la bière, déclare-t-il en se relevant. (En passant devant moi, il me caresse les hanches.) Donne-moi une minute.

Notre auto traverse la ville. Nous ne disons pas un mot. Il s'arrête, pour la bière, à un magasin le long de la route. A l'intérieur, juste derrière la porte, j'aperçois un grand tas de journaux. Au sommet des marches, une femme en robe imprimée tend un sucre d'orge à une petite fille. Ensuite, nous traversons Everson Creek et pénétrons dans les terrains de pique-nique. Le ruisseau qui coule sous le pont forme un grand lac à quelques centaines de mètres. Je peux voir des hommes là-bas, des hommes qui sont allés là pour pêcher.

Tant d'eau si près de la maison... Et je m'étonne :

— Pourquoi faire tous ces kilomètres ? Rien ne t'y forçait.

— Pas d'interrogatoire, s'il te plaît.

Nous sommes assis sur un banc, au soleil. Il nous ouvre une boîte de bière et me dit :

— Détends-toi, Claire.

— Ils affirmaient qu'ils étaient innocents. Ils ajoutaient qu'ils avaient perdu la tête.

— Qui ? me demande-t-il. De qui parles-tu ?

— Des frères Maddox. Ils avaient tué une fille nommée Arlène Hubly. J'étais toute jeune à l'époque. Ils lui avaient coupé la tête et l'avaient jetée dans la rivière, la Cle Elum. C'est arrivé quand j'étais gosse.

— Toi, tu me cherches, grommelle-t-il.

Je regarde le ruisseau et me vois en plein milieu, les yeux ouverts, le visage tourné vers le fond, face à la mousse, morte.

— Je ne sais pas ce qui ne tourne pas rond chez toi, remarque-t-il sur le chemin du retour, mais tu me portes de plus en plus sur les nerfs.

Je ne trouve rien à répondre.

Il essaie de concentrer toute son attention sur la route, mais ne cesse de regarder dans le rétroviseur.

Il a beau dire, il sait.

Stuart croit qu'il me laisse dormir ce matin. Mais j'étais réveillée bien avant la sonnerie du réveil. Je réfléchissais, étendue à l'extrême bord du lit, loin de ses jambes poilues.

Il prépare Dean pour l'école, puis il se rase et s'en va faire un tour. A deux reprises, il vient jeter un coup d'œil dans la chambre et se racle la gorge. Mais je garde les paupières fermées.

Dans la cuisine, je trouve un mot de lui. Pour toute signature, il a écrit : *« Je t'embrasse. »*

Je prends mon petit déjeuner et bois mon café. Ma tasse dessine un anneau sur le billet. Je feuillette le journal, je le tourne et le retourne sur la table, avant de le lire pour de bon. Le corps de la victime a été identifié et remis à sa famille. Mais il a fallu l'examiner, il a fallu prélever des choses, en peser, en mesurer, les remettre à leur place et puis tout recoudre.

Je reste un bon moment à réfléchir en tenant le journal. Puis je téléphone pour prendre un rendez-vous chez le coiffeur.

Je suis assise sous le séchoir, un magazine sur les genoux pendant que Marnie me fait les ongles.

— Je vais à un enterrement demain, dis-je.

— Que c'est triste ! compatit Marnie.

— Il s'agit d'un meurtre.

— C'est la pire sorte de mort.

— Nous n'étions pas très proches, la victime et moi, mais enfin...

— Nous allons bien vous préparer pour la cérémonie.

Ce soir-là, je fais mon lit sur le divan, et le matin je me lève la première. Je m'occupe du café et du petit déjeuner pendant que Stuart se rase.

Il apparaît à la porte de la cuisine, une serviette éponge sur son épaule nue. Il a l'air d'apprécier ce que je fais. Je lui dis :

— Voilà ton café. Tes œufs seront prêts dans une minute.

Je réveille Dean et nous mangeons ensemble tous les trois. Chaque fois que Stuart me regarde, je demande à Dean s'il veut un peu plus de lait, ou d'autres toasts, etc.

— Je te téléphonerai dans la journée, m'annonce Stuart en ouvrant la porte.

— Je pense que je ne serai pas à la maison aujourd'hui.

— Très bien, répond-il. Pas de problème.

Je m'habille avec soin. J'essaie un chapeau et m'examine dans le miroir. J'écris un mot pour Dean :

« Mon poussin, Maman a des choses à faire cet après-midi, mais elle reviendra plus tard. Reste à la maison ou dans la cour, jusqu'à ce que Papa ou moi soyons rentrés.

Je t'embrasse, ta Maman. »

Je regarde la dernière phrase et souligne : « *Je t'embrasse.* » Puis je me demande s'il faut ou non un trait d'union à après-midi.

Je roule parmi les champs, les prés, l'avoine et les betteraves, les vergers et le bétail broutant les pâturages. Bientôt le paysage change. Les fermes cèdent la place à des sortes de cabanes, des piles de bois succèdent aux vergers. Voici les montagnes et sur la droite, beaucoup plus bas, j'aperçois de temps à autre la vallée de la Naches.

Un camion vert surgit derrière moi et me suit durant des kilomètres. Je ne cesse de ralentir à contretemps, dans l'espoir qu'il me doublera. Puis j'accélère, mais à contretemps aussi. J'ai mal aux doigts à force de serrer le volant.

A un moment où la route est droite et libre, il me dépasse. Il roule un instant à mon côté et je distingue le conducteur, un homme aux cheveux en brosse, vêtu d'un bleu de travail. Nous échangeons un regard. Puis il m'adresse un salut, klaxonne et s'éloigne.

Je ralentis, trouve une place où me garer, m'y range et coupe le moteur. J'entends la rivière couler sous les arbres. J'entends aussi le camion qui revient.

Je verrouille les portes et remonte les vitres.

— Ça va ? me demande l'homme en tapant contre la vitre. Pas de problème ?

Il appuie ses bras contre la porte et son visage contre le verre.

Je le fixe. Que puis-je faire d'autre ?

— Tout va comme vous voulez ? poursuit-il. Pourquoi vous êtes-vous barricadée comme ça ?

Je secoue la tête.

— Baissez donc la vitre, dit-il en tournant la tête vers la route, puis en me dévisageant à nouveau. Baissez-la tout de suite.

— Je vous en prie, je dois partir.

Ses yeux se braquent sur mes seins, sur mes jambes. Je les sens posés sur moi.

— Allons, mignonne ! Je veux seulement vous aider.

Le cercueil fermé disparaît sous des couronnes de fleurs. Dès que je m'assieds, l'orgue retentit. Des gens entrent et prennent place. J'aperçois un garçon en pantalon de couleur flamboyante et chemise jaune vif, à manches courtes. Une porte s'ouvre et la famille arrive en groupe. Elle s'installe sur le côté, dans un endroit entouré d'un rideau. Les chaises craquent, toute l'assistance s'assied. Aussitôt après, un bel homme blond, dans un beau costume sombre, se dresse devant nous et nous invite à baisser la tête. Il récite une prière pour nous, les vivants, puis une autre pour l'âme de la morte. Je me range dans la file et vais m'incliner devant le cercueil. Ensuite, je sors. Me voici au sommet de l'escalier, dans la lumière de l'après-midi. Devant moi, une femme descend les marches en boitant. Parvenue sur le trottoir, elle jette un coup d'œil autour d'elle et déclare :

— Enfin, ils l'ont attrapé. Si ça peut consoler quelqu'un... Oui, ils l'ont arrêté ce matin. Je l'ai entendu à la radio avant de partir. C'est un garçon d'ici, de cette ville.

Nous avançons ensemble sur le trottoir brûlant. Des autos se mettent en route. Je tends la main et me retiens à un parcmètre. Tous ces capots brillants, ces pare-chocs polis, la tête me tourne. Je murmure :

— Ces tueurs, ils ont des amis. On ne peut jamais être sûr.

— Je connaissais cette fille depuis qu'elle était petite, m'explique la dame. Elle venait chez moi et je lui cuisais des gâteaux qu'elle mangeait devant la télé.

De retour à la maison, je vois Stuart, assis à la table devant un whisky. Une idée folle me traverse : il est arrivé quelque chose à Dean. Et je crie presque :

— Où est-il ? Où est Dean ?

— Dehors, dit mon mari.

Il vide son verre et se lève.

— Je crois que je sais ce qu'il te faut, dit-il.

Son bras m'entoure la taille tandis que son autre main se met à déboutonner ma veste puis mon corsage.

— Commençons par le commencement, ajoute-t-il.

Il prononce encore quelques mots. Mais ce n'est pas la peine d'écouter. Je n'entends rien avec tout ce bruit d'eau dans mes oreilles. Et je réponds, en l'aidant à déboutonner :

— D'accord. Avant que Dean ne rentre. Dépêchons-nous.

Traduction : Gabrielle Rolin

C'est pas grand-chose, mais ça fait du bien

Samedi après-midi, elle alla à la pâtisserie du centre commercial. Après avoir feuilleté un classeur de photos de gâteaux collées sur les pages, elle en commanda un au chocolat, le parfum préféré de son fils. Le gâteau choisi était décoré d'un vaisseau spatial avec plateforme de lancement, sous un poudroiement d'étoiles, avec une planète en fondant rouge sur le bord. Son nom, Scotty, serait écrit en lettres vertes sous la planète. Le pâtissier, un homme d'âge mûr au cou de taureau, l'écouta sans rien dire quand elle lui confia que l'enfant aurait huit ans le lundi suivant. Le pâtissier portait un tablier blanc qui ressemblait à un sarrau. Les cordons lui passaient sous les bras, se croisaient dans le dos puis revenaient devant où il les avait noués autour de sa lourde taille. Il s'essuyait les mains à son tablier tout en l'écoutant. Il gardait les yeux sur la photo et la laissait parler. Il ne la bousculait pas. Il venait d'arriver, il serait là toute la nuit à son four, et il n'était pas vraiment pressé.

Elle lui donna son nom : Ann Weiss, et son numéro

de téléphone. Le gâteau serait prêt lundi matin, tout chaud sorti du four, et largement à temps pour le goûter d'enfants de l'après-midi. Le pâtissier n'était pas jovial. Pas de plaisanteries entre eux, juste le minimum de paroles, les renseignements indispensables. Il la mettait mal à l'aise, et elle n'aimait pas cela. Tandis qu'il notait, penché sur le comptoir, son crayon à la main, elle observa ses traits rudes et se demanda s'il avait jamais fait quelque chose dans la vie, à part des gâteaux. Elle était mère, elle avait trente-trois ans, et il lui semblait que tout le monde, surtout un homme de l'âge du pâtissier, assez âgé pour être son père, devait avoir des enfants et connaître ce rituel des gâteaux et goûters d'anniversaire. Ils devaient bien avoir cela en commun, pensa-t-elle. Mais il était brusque avec elle — pas impoli, brusque. Elle renonça à s'en faire un ami. Elle regarda dans le fond de la pâtisserie, et vit une longue et lourde table en bois, avec une pile de moules à tarte à un bout ; et à côté de la table, un conteneur en métal plein de grilles vides. Il y avait un four immense. La radio jouait de la musique country-western.

Le pâtissier finit d'inscrire les informations sur le bon de commande et referma le classeur. Il la regarda et dit :

— Lundi matin.

Elle le remercia et rentra chez elle.

Le lundi matin, le héros de la fête d'anniversaire allait à l'école à pied avec un autre petit garçon. Ils se passaient et repassaient un sachet de pommes chips, et le gamin essayait de découvrir ce que son ami allait lui donner comme cadeau, l'après-midi. Sans regarder, le héros de l'anniversaire descendit du trottoir à un carrefour, et fut immédiatement renversé par une voiture. Il tomba sur le côté, la tête dans le ruisseau et les jambes sur la chaussée. Il avait les yeux clos, mais ses jambes s'agitaient, comme s'il essayait d'escalader quelque chose. Son ami lâcha le sachet de chips et se mit à crier. La voiture avait fait une trentaine de mètres, et s'était arrêtée au milieu de la rue. Le conducteur regarda par-dessus son épaule. Il attendit que l'enfant se fût remis debout en chancelant. Il vacillait un peu sur ses jambes. Il avait l'air hébété, mais indemne. Le conducteur passa en première et s'éloigna.

Le héros de l'anniversaire ne pleura pas, mais il ne parla pas non plus. Il ne répondit pas quand son ami lui demanda ce que ça faisait d'être renversé par une voiture. Il rentra chez lui à pied, et son ami alla à l'école. Il rentra dans la maison, mais pendant qu'il racontait son aventure à sa mère — assise près de lui sur le canapé, elle lui tenait les mains sur ses genoux, en disant : « Scotty, mon chéri, tu es sûr que tu te sens bien », et pensait qu'elle appellerait le docteur de toute façon —, il s'allongea soudain sur le canapé, ferma les yeux et son corps se fit tout mou. Voyant qu'elle n'arrivait pas à le réveiller, elle se hâta vers le téléphone et appela son mari au bureau. Howard lui dit de garder son calme, puis il appela une ambulance pour l'enfant et partit lui-même pour l'hôpital.

Bien entendu, le goûter fut remis. L'enfant était à l'hôpital avec un léger traumatisme crânien, et il était en état de choc. Il avait vomi, et ses poumons étaient pleins d'un liquide qu'il faudrait pomper l'après-midi. Pour le moment, il semblait plongé dans un très profond sommeil — mais pas dans le coma, avait fortement souligné le Dr Francis, pas dans le coma, quand il avait vu l'inquiétude qui se lisait dans les yeux des parents. A onze heures du soir, alors que l'enfant semblait se reposer confortablement après toutes les radios et examens de laboratoire, et qu'il n'y avait plus qu'à attendre son réveil, Howard quitta l'hôpital. Lui et Ann y avaient passé la journée avec l'enfant, et il rentrait pour prendre un bain et se changer rapidement.

— Je serai de retour dans une heure.

Elle hocha la tête.

— Très bien, dit-elle. Je t'attends.

Il l'embrassa sur le front, et ils s'effleurèrent la main. Elle s'assit sur la chaise à côté du lit et contempla l'enfant. Elle attendait qu'il se réveille, en pleine santé comme avant. Alors, elle pourrait commencer à se détendre.

Howard rentra à la maison. Il conduisait très vite sur les chaussées sombres et mouillées, alors il se ressaisit et ralentit. Jusqu'à maintenant, sa vie s'était déroulée sans à-coups et à son entière satisfaction — université, mariage, une autre année d'université pour préparer un diplôme supérieur de gestion, associé dans une firme d'investissements. Père. Il était heureux, et, jusqu'à présent, favorisé par la chance — il le savait.

Ses parents vivaient encore, ses frères et sa sœur étaient établis, ses amis d'université s'étaient dispersés pour prendre leur place dans la société. Jusqu'à présent, il avait été épargné par le malheur, par ces forces dont il savait qu'elles existaient et qui pouvaient désemparer ou abattre un homme si la malchance frappait ou si le vent tournait soudain. Il s'engagea dans l'allée et coupa le moteur. Sa jambe gauche se mit à trembler. Il resta immobile dans la voiture une bonne minute, essayant de rationaliser la situation présente. Scotty avait été renversé par une voiture, et il était à l'hôpital, mais il allait se rétablir. Howard ferma les yeux et se passa la main sur le visage. Il descendit de voiture et marcha jusqu'à la porte. A l'intérieur, le chien aboyait. Le téléphone sonnait, sonnait, tandis qu'il ouvrait la porte et cherchait à tâtons l'interrupteur. Il n'aurait pas dû quitter l'hôpital, il n'aurait pas dû.

— Nom de Dieu ! s'exclama-t-il.

Il décrocha.

— J'arrive à l'instant !

— Il y a un gâteau qu'on n'est pas venu chercher, dit la voix à l'autre bout du fil.

— Qu'est-ce que vous dites ? demanda Howard.

— Un gâteau, dit la voix. Un gâteau de seize dollars.

Le combiné à l'oreille, Howard cherchait à comprendre.

— Un gâteau ? Première nouvelle, dit-il. Mon Dieu, de quoi parlez-vous ?

— Pas de ça avec moi, dit la voix.

Howard raccrocha. Il alla à la cuisine et se versa un

whisky. Il appela l'hôpital, l'état de l'enfant restait stationnaire : il dormait toujours et rien n'avait changé. Pendant que la baignoire se remplissait, Howard se rasa. Il venait juste de s'allonger dans la baignoire et de fermer les yeux quand le téléphone sonna à nouveau. Il sortit de l'eau à regret, attrapa une serviette et se rua vers l'appareil en disant : « Quel idiot, quel idiot d'avoir quitté l'hôpital ! » Il décrocha et cria :

— Allô !

Personne ne répondit. Puis son correspondant raccrocha.

Il fut de retour à l'hôpital peu après minuit. Ann était toujours sur la chaise, près du lit. Elle leva la tête vers Howard puis reporta les yeux sur son fils. La tête enveloppée de bandages, l'enfant avait toujours les yeux clos. Sa respiration était calme et régulière. D'un support dressé près du lit pendait une bouteille de glucose, avec un tuyau reliant le flacon au bras du petit.

— Comment va-t-il ? dit Howard. Qu'est-ce que c'est que ça ? ajouta-t-il avec un geste montrant le glucose et le tuyau.

— Ordre du Dr Francis, dit-elle. Il a besoin de nourriture. Il faut qu'il conserve ses forces. Pourquoi ne se réveille-t-il pas, Howard ? Je ne comprends pas, s'il n'a rien.

Howard se passa la main sur la nuque. Et les doigts dans les cheveux.

— Tout ira bien. Il se réveillera un peu plus tard. Le Dr Francis sait ce qu'il dit.

Au bout d'un moment, il reprit :

— Tu devrais peut-être rentrer à la maison te reposer un peu. Je resterai ici. Ne fais pas attention au dingue qui n'arrête pas de téléphoner. Raccroche tout de suite.

— Qui appelle ?

— Je ne sais pas. Quelqu'un qui n'a rien d'autre à faire que d'appeler les gens. Bon, rentre un peu, maintenant.

Elle secoua la tête.

— Non. Je me sens bien.

— Je t'en prie. Rentre un peu à la maison et viens me relayer au matin. Tout ira bien. Qu'a dit le Dr Francis ? Que Scotty se rétablirait. Qu'il ne fallait pas s'inquiéter. Il dort maintenant, c'est tout.

Une infirmière poussa la porte. Elle les salua de la tête en se dirigeant vers le lit. Elle sortit le petit bras de sous les couvertures, posa ses doigts sur le poignet, trouva le pouls, puis consulta sa montre. Peu après, elle remit le bras sous les couvertures et vint se placer au pied du lit où elle écrivit quelque chose sur la pancarte accrochée au lit.

— Comment va-t-il ? dit Ann.

La main d'Howard pesait sur son épaule. Elle sentait la pression de ses doigts.

— État stationnaire, dit l'infirmière. Le docteur va bientôt passer. Il vient d'arriver. Il est en train de faire sa ronde.

— J'étais en train de lui dire qu'elle pourrait rentrer se reposer un peu à la maison, dit Howard. Quand nous aurons vu le docteur.

— Ce serait une bonne idée, dit l'infirmière. Vous devriez tous les deux vous sentir libres de rentrer chez vous, si vous le désirez.

L'infirmière était une grande blonde scandinave. Elle parlait avec une pointe d'accent.

— Nous verrons ce que dira le docteur, dit Ann. Je veux lui parler. Je trouve qu'il ne devrait pas continuer à dormir comme ça. Je trouve que c'est mauvais signe.

Elle porta la main à ses yeux et baissa la tête. La main d'Howard se resserra sur son épaule, puis elle se déplaça vers son cou et se mit à masser ses muscles noués.

— Le Dr Francis sera là dans quelques minutes, dit l'infirmière.

Puis elle sortit.

Howard contempla son fils un moment, la petite poitrine qui se soulevait et s'abaissait régulièrement sous les couvertures. Pour la première fois depuis les terribles minutes qui avaient suivi l'appel d'Ann à son bureau, il sentit la peur lui nouer le ventre. Il se mit à secouer la tête. Scotty n'avait rien, mais au lieu de dormir à la maison dans son lit, il était à l'hôpital avec des bandages autour de la tête et un tuyau dans le bras. Et c'était de cela qu'il avait besoin en ce moment.

Le Dr Francis entra et serra la main à Howard, bien qu'ils se fussent déjà vus quelques heures plus tôt. Ann se leva.

— Docteur ?

— Ann, dit-il en hochant la tête. Voyons d'abord comment il va.

Il s'approcha du lit et prit le pouls de l'enfant. Il lui souleva une paupière, puis l'autre. Howard et Ann, à côté du docteur, regardaient. Puis le docteur rabattit les couvertures et appliqua son stéthoscope contre le cœur et les poumons de l'enfant. Il palpa l'abdomen, ici et là. Quand il eut fini, il alla au pied du lit et étudia la pancarte. Il nota l'heure, griffonna quelque chose, puis regarda Howard et Ann.

— Docteur, comment va-t-il ? demanda Howard. Qu'est-ce qu'il a, exactement ?

— Pourquoi ne se réveille-t-il pas ? dit Ann.

Épaules larges, visage bronzé, le docteur était bel homme. Il portait un complet trois-pièces, une cravate à rayures et des boutons de manchettes en ivoire. Ses cheveux gris soigneusement peignés lui encadraient le visage, il avait l'air de revenir d'un concert.

— Rien de grave, dit le docteur. Pas de quoi pavoiser, il pourrait aller mieux. Mais il n'a rien de grave. Quand même, je voudrais bien qu'il se réveille. Il devrait se réveiller bientôt.

Le docteur regarda l'enfant une fois de plus.

— Nous en saurons davantage dans deux heures, quand nous aurons les résultats des derniers examens. Mais il n'a rien de grave, croyez-moi, à part une imperceptible fracture du crâne. Il a quand même une fracture.

— Oh ! non, dit Ann.

— Et un léger traumatisme crânien, comme je vous l'ai déjà dit. Bien entendu, vous savez qu'il est en état de choc. On voit cela parfois, dans les cas de choc. Ce profond sommeil.

— Mais il est hors de danger ? dit Howard. Vous nous avez dit qu'il n'est pas dans le coma. Ce sommeil, ce n'est pas le coma — hein, docteur ?

Howard attendit. Il regardait le docteur.

— Non, je n'appellerais pas ça un coma, dit le docteur en regardant l'enfant une fois de plus. Il est plongé dans un profond sommeil, c'est tout. C'est une réaction instinctive du corps, pour récupérer. Il est hors de danger, j'en suis certain. Mais nous en saurons davantage quand il se réveillera et que nous aurons les résultats des derniers examens.

— C'est un coma, dit Ann. Un genre de coma.

— Ce n'est pas le coma, pas encore, pas exactement, dit le docteur. Je n'appellerais pas ça un coma. Pas encore, en tout cas. Il est en état de choc. Dans les cas de choc, ce genre de réaction est assez commun ; c'est une réaction temporaire au traumatisme corporel. Le coma. Le coma, c'est une perte de connaissance prolongée, un état qui peut durer des jours, des semaines, même. Scotty n'en est pas là, pour autant que nous puissions en juger. Je suis certain que son état va s'améliorer d'ici le matin. Je vous le parie. Nous en saurons plus quand il se réveillera, ce qui ne saurait tarder, maintenant. Bien entendu, vous pouvez rester ici ou rentrer chez vous, comme vous voulez. Mais je vous en prie, n'ayez pas peur de rentrer chez vous si vous le désirez. Ce n'est pas facile, je le sais.

Le docteur regarda de nouveau l'enfant, l'observa, puis il se tourna vers Ann :

— Essayez de ne pas vous inquiéter, petite maman.

Croyez-moi, nous faisons le maximum. Ce n'est plus qu'une question de temps maintenant.

Il la salua de la tête, serra la main à Howard et sortit.

Ann posa la main sur le front de l'enfant.

— Au moins, il n'a pas de fièvre.

Puis elle ajouta :

— Mon Dieu, comme il est froid ! Howard ? Tu crois que c'est normal ? Touche sa tête.

Howard toucha les tempes de l'enfant. Il retenait son souffle.

— Je crois que c'est normal qu'il soit comme ça en ce moment. N'oublie pas qu'il est en état de choc. C'est ce qu'a dit le docteur. Le docteur sort d'ici. Il nous l'aurait dit si Scotty n'allait pas bien.

Ann resta debout un moment, se mordillant les lèvres. Puis elle s'approcha de sa chaise et s'assit.

Howard s'assit sur la chaise voisine. Ils se regardèrent. Il aurait voulu dire quelque chose pour la rassurer, mais il avait peur, lui aussi. Il lui prit la main et la posa sur ses genoux, et il se sentit mieux, d'avoir sa main sur les genoux. Puis il lui serra la main, et il la garda dans la sienne. Ils restèrent immobiles un moment, regardant l'enfant sans parler. De temps en temps, il lui serrait la main. Enfin, elle la lui retira.

— J'ai prié, dit-elle.

Il hocha la tête.

— Je croyais presque avoir oublié, mais c'est revenu tout seul. Tout ce que j'ai eu à faire, c'est de fermer les yeux et de dire : « Je vous en supplie, mon Dieu aidez-nous — aidez Scotty » et tout est revenu facilement. Les paroles étaient toujours dans ma tête. Peut-être que si tu priais aussi...

— J'ai déjà prié, dit-il. J'ai prié cet après-midi — hier après-midi, je veux dire — après ton coup de fil, en allant à l'hôpital. J'ai déjà prié.

— C'est bien.

Pour la première fois, elle sentit qu'ils étaient ensemble dans ce malheur. Elle sursauta en réalisant que, jusque-là, ce n'était pour elle qu'un accident arrivé à Scotty et à elle. Elle avait laissé Howard à l'écart, bien qu'il fût là depuis le début. Elle se sentit heureuse d'être sa femme.

La même infirmière entra, reprit le pouls de l'enfant, vérifia le débit de la bouteille suspendue au-dessus du lit.

Une heure plus tard, un autre docteur entra. Il dit qu'il était le Dr Parsons, du service de radiologie. Il avait une grosse moustache. Il était en mocassins, blue-jeans et chemise western.

— Nous allons le descendre pour faire d'autres radios, leur dit-il. Il nous faut d'autres radios, et nous allons aussi lui faire un scanner.

— Qu'est-ce que c'est ? dit Ann. Un scanner ?

Elle était debout entre ce nouveau docteur et le lit.

— Je croyais que vous aviez déjà fait toutes les radios ?

— J'ai bien peur qu'il ne nous en faille d'autres. Rien d'alarmant à cela. Nous avons simplement besoin d'autres clichés, et nous voulons lui faire un scanner du cerveau.

— Mon Dieu !

— C'est une procédure parfaitement normale dans les cas de ce genre, dit le nouveau docteur. Nous avons besoin de savoir avec certitude pourquoi il ne s'est pas encore réveillé. C'est la procédure médicale normale, et cela n'a rien d'alarmant. Nous le descendrons dans quelques minutes.

Peu après, deux aides-soignants arrivèrent dans la chambre avec un lit roulant. Cheveux noirs, teint basané, ils étaient en uniformes blancs, et ils échangèrent quelques mots dans une langue étrangère tout en détachant le tuyau et en portant l'enfant sur le lit roulant. Puis ils le roulèrent dans le couloir. Howard et Ann montèrent dans le même ascenseur. Ann contemplait l'enfant. Elle ferma les yeux quand la cabine commença sa descente. Les aides-soignants se tenaient debout en silence, chacun à un bout du lit roulant, mais à un moment, l'un dit quelque chose en sa langue, et l'autre hocha lentement la tête en réponse.

Un peu plus tard, juste comme le soleil commençait à éclairer les fenêtres de la salle d'attente du service de radiologie, ils reparurent avec l'enfant et le ramenèrent dans sa chambre. Howard et Ann remontèrent dans le même ascenseur, et ils reprirent leur place près du lit.

Ils attendirent toute la journée, mais l'enfant ne se réveillait toujours pas. De temps à autre, l'un d'eux quittait la chambre et descendait prendre un café à la cafétéria, puis, plein de remords, comme se rappelant soudain la situation, se levait et remontait en hâte dans la chambre. Le Dr Francis revint dans l'après-midi, examina l'enfant une fois de plus, puis sortit après leur avoir répété que tout allait bien et qu'il allait se réveiller d'une minute à l'autre. Des infirmières, différentes de celles de la nuit, venaient de temps en temps. Puis une jeune laborantine entra, en pantalon blanc et blouse blanche, avec un petit plateau à la main qu'elle posa sur la table de nuit. Sans leur adresser un mot, elle fit à l'enfant une prise de sang. Howard ferma les yeux, lorsque, ayant trouvé la veine sur le bras de l'enfant, l'infirmière enfonça son aiguille.

— Je ne comprends pas, lui dit Ann.

— Ordre du docteur, dit la jeune femme. Je fais ce qu'on me dit. On me dit, faites une prise à celui-là, je fais une prise. Qu'est-ce qu'il a d'ailleurs ? Il est adorable.

— Il a été renversé par une voiture, dit Howard. Qui s'est sauvée.

La jeune femme regarda l'enfant en secouant la tête. Puis elle reprit son plateau et sortit.

— Pourquoi ne se réveille-t-il pas ? dit Ann. Howard ? Je voudrais qu'ils me répondent, tous ces gens.

Howard garda le silence. Il se rassit et croisa les jambes. Il se frictionna le visage. Il regarda son fils, puis il se renversa sur sa chaise, ferma les yeux et s'endormit.

Ann s'approcha de la fenêtre et regarda le parking. Il faisait nuit, les voitures entraient et sortaient, phares allumés. Debout, appuyée des deux mains au rebord de la fenêtre, elle savait maintenant tout au fond d'elle-même qu'il se passait quelque chose, quelque chose de grave. Elle avait peur, et elle se mit à claquer des dents jusqu'au moment où elle raidit sa mâchoire. Elle vit une grosse voiture s'arrêter devant l'hôpital, et quelqu'un, une femme en manteau long, monter dans la voiture. Elle aurait voulu être cette femme, et que quelqu'un, n'importe qui, l'emmenât loin d'ici, en un lieu où Scotty l'attendrait quand elle descendrait de voiture, prêt à s'écrier : « Maman ! » et à se jeter dans ses bras.

Peu après, Howard se réveilla. Il regarda l'enfant. Puis il se leva, s'étira, et la rejoignit devant la fenêtre. Ils regardèrent tous les deux le parking. Ils ne se parlaient pas. Mais ils semblaient se comprendre instinctivement, comme si l'inquiétude les avait rendus transparents l'un à l'autre, d'une façon parfaitement naturelle.

La porte s'ouvrit, le Dr Francis entra. Il avait une cravate et un complet différents cette fois. Ses cheveux gris lui encadraient le visage, et il semblait venir de se raser. Il alla droit au lit et examina l'enfant.

— Il aurait dû se réveiller maintenant. Il n'y a aucune raison qu'il continue à dormir comme ça. Mais je peux vous assurer que nous sommes tous convaincus qu'il est hors de danger. Pourtant, nous serons soulagés quand il se réveillera. Il n'y a aucune raison, absolument aucune, qu'il ne se réveille pas. Bientôt ! Oh ! il aura une migraine épouvantable, vous pouvez en être sûrs. Mais tous ses examens sont bons. Aussi nor maux que possible.

— Alors, il est dans le coma ?

Le docteur se frictionna la joue.

— Appelons cela coma pour le moment, jusqu'à son réveil. Mais vous devez être épuisés. C'est très dur. Allez donc manger un morceau, ça vous fera du bien. Je mettrai une infirmière avec lui pendant votre absence, si cela peut vous rassurer. Allez, allez manger quelque chose.

— Je ne pourrais pas avaler une bouchée, dit Ann.

— Comme vous voudrez, bien sûr, dit le docteur. De toute façon, je voulais vous dire que tous les examens sont satisfaisants, les tests négatifs, nous n'avons absolument rien trouvé, et dès qu'il se réveillera, il sera tiré d'affaire.

— Merci, docteur, dit Howard.

Une fois de plus, ils se serrèrent la main. Le docteur lui tapota l'épaule et sortit.

— Je pense que l'un de nous devrait aller voir ce qui se passe à la maison, dit Howard. Il faut donner à manger à Slug, par exemple.

— Appelle un voisin, dit Ann. Appelle les Morgan. N'importe qui donnera à manger au chien si on le demande.

— D'accord, dit Howard.

Au bout d'un moment, il reprit :

— Chérie, pourquoi n'y vas-tu pas ? Pourquoi ne vas-tu pas voir ce qui se passe à la maison ? Tu reviendras tout de suite. Ça te fera du bien. Je reste avec lui. Sérieusement, dit-il. Il faut conserver nos forces. Nous devrons rester ici un moment quand il sera réveillé.

— Pourquoi n'y vas-tu pas, toi ? Nourrir Slug. Manger quelque chose toi-même.

— Je suis déjà rentré. Je suis resté une heure quinze exactement. Rentre une heure à la maison pour te rafraîchir. Tu reviendras après.

Elle tâcha de réfléchir, mais elle était trop fatiguée. Elle ferma les yeux et essaya encore de se concentrer. Au bout d'un moment, elle dit :

— Je vais peut-être rentrer à la maison quelques minutes. Peut-être que si je ne suis pas là à le surveiller tout le temps, il va se réveiller en pleine forme. Tu sais ? Peut-être qu'il se réveillera si je ne suis pas là. Je vais rentrer prendre un bain et me changer. Je donnerai à manger à Slug, puis je reviendrai.

— Je reste là, dit-il. Rentre à la maison, chérie. Je surveille la situation.

Il avait les yeux rétrécis et injectés de sang, comme s'il avait bu sans arrêt depuis la veille. Ses vêtements étaient fripés. Il avait les joues bleues de barbe. Elle lui effleura le visage, puis retira sa main. Elle comprenait qu'il voulait être seul un moment, ne pas être obligé de parler ou de partager ses inquiétudes. Elle prit son sac sur la table de nuit et il l'aida à enfiler son manteau.

— Je ne serai pas longue.

— Profites-en pour te détendre un peu. Mange un morceau. Prends un bain. Et après le bain, repose-toi. Ça te fera du bien, tu verras. Puis reviens. Et essayons de ne pas trop nous ronger. Tu as entendu ce qu'a dit le Dr Francis.

Elle resta immobile une minute, essayant de se rappeler les paroles exactes du docteur, cherchant à retrouver les moindres nuances, les moindres allusions pouvant donner à ses paroles un sens différent de leur sens apparent. Elle essaya de se rappeler si l'expression de son visage avait changé lorsqu'il s'était penché pour examiner l'enfant. Elle se rappelait comme il avait composé son visage en soulevant les paupières de l'enfant, puis en l'écoutant respirer.

Elle alla jusqu'à la porte, puis se retourna. Elle regarda l'enfant, puis elle regarda le père. Howard hocha la tête. Elle sortit et referma la porte derrière elle.

Elle passa devant le bureau des infirmières et enfila le couloir, à la recherche de l'ascenseur. Au bout du couloir, elle tourna à droite et entra dans une petite salle d'attente où une famille noire s'était installée dans des fauteuils en rotin. Il y avait un homme d'âge mûr en chemise et pantalon kaki, avec une casquette de base-ball rejetée en arrière. Une grosse femme en robe de chambre et pantoufles était affalée sur un siège. Une adolescente en jeans, avec des douzaines de petites nattes, fumait une cigarette, allongée de tout son long dans un fauteuil. Toute la famille tourna les yeux vers Ann à son entrée. La petite table était jonchée d'emballages de hamburgers et de gobelets en plastique.

— Franklin, dit la grosse dame en se soulevant un peu. C'est pour Franklin ?

Ses yeux s'étaient dilatés.

— Dites-le moi, madame, reprit-elle. C'est pour Franklin ?

Elle essayait de se lever, mais l'homme avait refermé la main sur son bras.

— Allons, allons dit-il. Evelyn.

— Je suis désolée, dit Ann. Je cherche l'ascenseur. Mon fils est à l'hôpital, et je n'arrive pas à trouver l'ascenseur.

— L'ascenseur est par là, à gauche, dit l'homme joignant le geste à la parole.

L'adolescente tira sur sa cigarette, le regard braqué sur Ann. Ses yeux n'étaient plus que deux minces fentes, et ses lèvres épaisses s'entrouvraient pour exhaler la fumée. La grosse négresse laissa tomber la tête sur son épaule, et détourna les yeux d'Ann, qui ne l'intéressait plus.

— Mon fils a été renversé par une voiture, dit Ann à l'homme.

Elle ressentait le besoin de donner des explications.

— Il a un traumatisme crânien et une légère fracture du crâne, mais il se remettra. Il est en état de choc pour le moment, et peut-être dans le coma. C'est ça qui nous inquiète, cette histoire de coma. Je rentre un peu à la maison, mais mon mari reste avec lui. Il se réveillera peut-être pendant mon absence.

— Quel malheur, dit l'homme, remuant avec embarras dans son fauteuil.

Il secoua la tête, baissa les yeux sur la table, puis les reporta sur Ann.

— Notre Franklin, il est sur la table d'opération. Un mec lui a fait une boutonnière. A essayé de le tuer. Il y a eu une bagarre, là où il était. A une boum. Paraît qu'il regardait, c'est tout. Sans embêter personne. Mais ça veut plus rien dirc au jour d'aujourd'hui. Maintenant, il est sur la table d'opération. On espère et on prie, c'est tout ce qu'on peut faire.

Il la regardait toujours.

De nouveau, Ann fixa les yeux sur l'adolescente qui la dévisageait, puis sur la grosse femme qui baissait toujours la tête, mais qui avait maintenant fermé les yeux. Ann vit ses lèvres remuer, former des mots sans émettre aucun son. Elle eut envie de lui demander quelles étaient ces paroles. Elle avait envie de parler avec ces gens qui étaient dans la même situation qu'elle. Elle avait peur, et ils avaient peur. Ils avaient cela en commun. Elle aurait aimé leur en dire davantage sur l'accident, leur parler encore de Scotty, leur raconter que c'était arrivé le jour de son anniversaire, et qu'il était toujours sans connaissance. Mais elle ne savait pas par où commencer. Alors elle resta là, à les regarder sans ajouter un mot.

Elle enfila le couloir que l'homme lui avait montré et trouva l'ascenseur. Elle attendit une minute devant les portes fermées, se demandant toujours si elle avait raison de s'en aller. Puis elle tendit la main et appuya sur le bouton.

Elle tourna dans son allée et coupa le moteur. Elle ferma les yeux et resta une minute, la tête sur le volant. Elle écouta les cliquetis du moteur qui commençait à refroidir. Puis elle descendit de voiture. Elle entendit le chien aboyer dans la maison. Elle alla jusqu'à la porte qui n'était pas fermée à clé. Elle entra, alluma et mit une bouilloire sur le feu. Elle ouvrit une boîte et donna à manger à Slug sur la véranda de derrière. Le chien mangea avidement, à petits lapements pressés. Il n'arrêtait pas de courir à la cuisine pour voir si elle était toujours là. Elle s'assit sur le canapé avec son thé, et le téléphone sonna.

— Oui ! dit-elle en décrochant. Allô ?

— Madame Weiss, dit une voix d'homme.

Il était cinq heures du matin, et elle avait l'impression d'entendre des machines ou des appareils quelconques en bruit de fond.

— Oui, oui ! Qu'est-ce que c'est ? dit-elle. C'est Mme Weiss. C'est moi. Qu'est-ce que c'est, s'il vous plaît ?

Elle écouta les bruits de fond.

— C'est à propos de Scotty ? Répondez, pour l'amour du ciel !

— Scotty, dit la voix masculine. Oui, c'est à propos de Scotty. Ce problème, ça a à voir avec Scotty. Vous avez oublié Scotty ? dit l'homme.

Et il raccrocha.

Elle composa le numéro de l'hôpital et demanda le deuxième étage. Elle demanda des nouvelles de son fils à l'infirmière qui décrocha. Puis elle voulut parler à son mari. Il s'agissait, dit-elle, d'une urgence.

Elle attendit, tournant et retournant le fil du téléphone entre ses doigts. Elle ferma les yeux, prise de nausée. Il fallait qu'elle se force à manger. Slug arriva de la véranda et se coucha à ses pieds en remuant la queue. Elle lui tirailla l'oreille tandis qu'il lui léchait les doigts. Howard vint en ligne.

— Quelqu'un vient de téléphoner, dit-elle, continuant à tortiller le fil. Il a dit que c'était à propos de Scotty, s'écria-t-elle.

— Scotty va bien, dit Howard. Enfin, je veux dire qu'il dort toujours. Pas de changement. L'infirmière est venue deux fois depuis ton départ. Une infirmière, ou une doctoresse. Il va bien.

— Un homme a appelé. Il a dit que c'était à propos de Scotty.

— Ma chérie, repose-toi, tu en as besoin. Ce doit être le même que tout à l'heure. N'y pense plus. Reviens quand tu te seras un peu reposée. Et nous prendrons ensemble le petit déjeuner ou quelque chose.

— Déjeuner. Je n'ai pas envie de déjeuner.

— Tu sais bien ce que je veux dire. Un jus de fruit, quelque chose, je ne sais pas. Je ne sais rien, Ann. Je n'ai pas faim non plus, nom d'un chien. Ann, c'est difficile de parler ici. Je suis à la réception. Le Dr Francis revient à huit heures. A ce moment-là, il aura quelque chose à nous dire, quelque chose de plus précis. C'est ce que m'a dit une infirmière. Elle n'en savait pas plus. Ann ? Chérie, nous allons peut-être savoir quelque chose. A huit heures. Reviens avant huit heures. En attendant, je suis là, et Scotty va bien. Pas de changement.

— Je buvais une tasse de thé, quand le téléphone a sonné. Il a dit que c'était à propos de Scotty. Il y avait des bruits de fond. Il y avait aussi des bruits de fond quand tu as pris la communication, Howard ?

— Je ne me rappelle plus. C'est peut-être le conducteur qui a renversé Scotty ; c'est peut-être un névrosé qui a appris ce qu'il avait fait à Scotty. Mais je suis là, avec lui. Repose-toi un peu comme tu en avais l'intention. Prends un bain, reviens vers sept heures, nous verrons le docteur ensemble. Tout ira bien, ma chérie. Je suis là, et il y a les docteurs et les infirmières à deux pas. Ils disent que son état est stationnaire.

— J'ai une peur affreuse.

Elle fit couler l'eau, se déshabilla et entra dans la baignoire. Elle se savonna et se sécha rapidement, sans prendre le temps de se laver les cheveux. Elle mit de la lingerie propre, un pantalon de laine et un sweater. Elle passa dans le séjour où le chien leva la tête vers elle en donnant un coup de queue par terre. Le jour commençait à se lever quand elle se dirigea vers sa voiture.

Elle entra dans le parking à l'hôpital et trouva une place proche de l'entrée principale. Elle se sentait obscurément responsable de ce qui était arrivé à l'enfant. Elle laissa ses pensées dériver vers la famille noire. Elle se souvenait du nom de Franklin, de la table couverte de papiers de hamburgers, et de l'adolescente qui la fixait en tirant sur sa cigarette.

— N'aie jamais d'enfants, dit-elle mentalement à l'image de l'adolescente en entrant dans le hall de l'hôpital. Pas d'enfants, pour l'amour du ciel !

Elle prit l'ascenseur jusqu'au deuxième avec deux infirmières qui commençaient leur service. On était mercredi matin, peu avant sept heures. Quand les portes s'ouvrirent au deuxième, un assistant d'un certain Dr Madison attendait pour monter. Elle descendit derrière les infirmières qui partirent dans la direction opposée en continuant la conversation interrompue à son entrée. Elle enfila le couloir jusqu'à la petite salle où elle avait vu la famille noire. Ils étaient partis, maintenant, mais les fauteuils étaient en désordre, comme s'ils en avaient bondi brusquement la minute précédente. La table était toujours jonchée des mêmes papiers et gobelets, le cendrier était plein de mégots.

Elle s'arrêta au bureau de la surveillante. Une infirmière était debout derrière le comptoir, elle se brossait les cheveux en bâillant.

— La nuit dernière, il y avait un jeune Noir en salle d'opération, dit Ann. Il s'appelait Franklin. Sa famille était dans la salle d'attente. J'aimerais avoir de ses nouvelles.

Une autre infirmière, assise à un bureau derrière le comptoir, leva les yeux du graphique qu'elle consultait. Le téléphone bourdonna, elle décrocha, mais sans quitter Ann des yeux.

— Il est mort, dit l'infirmière, sa brosse à la main, sans cesser de la regarder. Vous êtes une amie de la famille ou quoi ?

— J'ai fait la connaissance de la famille hier soir, dit Ann. Mon fils est à l'hôpital. On dit qu'il est en état de choc. On ne sait pas exactement ce qu'il a. Je me demandais comment allait Franklin, c'est tout. Merci.

Elle repartit dans le couloir. Des portes d'ascenseur de la même couleur que le mur glissèrent en silence, et un chauve décharné en sandales de toile et pantalon blancs en descendit, tirant un lourd chariot. Elle n'avait pas remarqué ces portes, la veille. L'homme roula son chariot dans le couloir et s'arrêta devant la porte la plus proche pour consulter une pancarte. Puis il se baissa et prit un plateau sur le chariot. Il frappa légèrement et entra. Croisant le chariot, elle sentit de désagréables odeurs de nourriture chaude. Elle pressa le pas, sans regarder les infirmières, et poussa la porte de la chambre de son fils.

Howard était debout près de la fenêtre, les mains croisées derrière le dos. Il se retourna à son entrée.

— Comment va-t-il? dit-elle en s'approchant du lit.

Elle jeta son sac par terre près de la table de nuit. Il lui semblait qu'elle était partie depuis très longtemps. Elle toucha le visage de l'enfant.

— Howard?

— Le Dr Francis sort d'ici.

Elle le regarda avec attention et eut l'impression que ses épaules s'affaissaient.

— Je croyais qu'il ne viendrait pas avant huit heures, dit-elle vivement.

— Il y avait un autre docteur avec lui. Un neurologue.

— Un neurologue, répéta-t-elle.

Howard hocha la tête. Ses épaules s'affaissaient, elle le voyait nettement.

— Qu'est-ce qu'il a dit, Howard ? Pour l'amour du ciel, qu'est-ce qu'ils ont dit ? Qu'est-ce que c'est ?

— Ils ont dit qu'on allait le descendre pour d'autres examens, Ann. Ils vont sans doute l'opérer, chérie. Ils vont l'opérer. Ils ne comprennent pas pourquoi il ne se réveille pas. Il y a autre chose que le choc ou le traumatisme, ça, ils le savent, maintenant. C'est dans le crâne, la fracture, ça a quelque chose à voir avec ça, pensent-ils. Alors, ils vont opérer. J'ai essayé de t'appeler, mais tu devais déjà être repartie.

— Oh ! mon Dieu. Je t'en prie, Howard, je t'en prie, dit-elle en lui saisissant le bras.

— Regarde ! Scotty ! Regarde, Ann !

Il la fit tourner vers le lit.

Les yeux de l'enfant s'étaient ouverts puis refermés. Ils se rouvrirent. Les yeux regardèrent droit devant eux une minute, puis pivotèrent lentement, se posèrent sur Howard et Ann, puis se détournèrent.

— Scotty, dit sa mère, s'approchant du lit.

— Hé, Scott, dit son père. Hé, fiston.

Ils se penchèrent sur le lit. Howard prit la main de l'enfant dans les siennes et se mit à la tapoter et à la serrer doucement. Ann se pencha et couvrit de baisers le front de son fils. Elle lui prit le visage entre ses mains.

— Scotty, mon chéri, c'est Maman et Papa. Scotty ?

L'enfant les regarda, mais sans les reconnaître. Puis sa bouche s'ouvrit, ses yeux se fermèrent, et il hurla jusqu'à ce qu'il n'eût plus un souffle d'air dans les poumons. Alors son visage se détendit et s'adoucit. Ses lèvres s'écartèrent comme son dernier soupir remontait dans sa gorge et s'exhalait doucement à travers ses dents serrées.

Les docteurs appelèrent ça une occlusion cachée, disant qu'ils en voyaient un cas sur un million. S'ils avaient diagnostiqué son état et opéré immédiatement, peut-être qu'ils auraient pu le sauver. Mais c'était improbable. De toute façon, qu'est-ce qu'ils auraient pu rechercher ? Rien n'était apparu, ni dans les examens ni à la radio.

Le Dr Francis paraissait secoué.

— Je n'arrive pas à exprimer ce que je ressens. Je suis tellement désolé, dit-il en les conduisant dans le bureau des docteurs.

Un autre médecin, assis dans un fauteuil, les jambes allongées sur une chaise, regardait la télévision. Il portait l'uniforme des accoucheurs, large pantalon vert, blouse verte et calot vert sur la tête. Il regarda Howard et Ann, puis le Dr Francis. Il se leva, éteignit le téléviseur et sortit. Le Dr Francis conduisit Ann au canapé, s'assit à côté d'elle et se mit parler à voix basse, d'un ton consolant. A un moment, il se pencha et la prit dans ses bras. Elle sentait sa poitrine se soulever et s'abaisser contre son épaule. Les yeux ouverts, elle l'écoutait. Howard alla aux toilettes, mais laissa la porte ouverte. Après une violente crise de larmes, il ouvrit le robinet et se lava le visage. Puis il sortit et s'assit près de la petite table du téléphone, fixant l'appareil, comme essayant de décider ce qu'il allait faire. Il donna quelques coups de fil. Au bout d'un moment, le Dr Francis eut besoin du téléphone.

— Y a-t-il quelque chose que je puisse faire pour vous ? leur demanda-t-il.

Howard secoua la tête. Ann fixa le Dr Francis, comme incapable de comprendre ses paroles.

Le docteur les raccompagna à la porte de l'hôpital. Les gens entraient et sortaient. Il était onze heures du matin. Ann avait conscience d'avancer lentement, à contrecœur. Il lui semblait que le Dr Francis les renvoyait, alors qu'ils auraient dû rester, alors que rester était la seule chose à faire. Elle embrassa le parking du regard, puis se retourna vers la façade de l'hôpital. Elle se mit à secouer la tête

— Non, non, dit-elle. Je ne peux pas le laisser là, non.

Elle s'entendit parler ainsi, et pensa que ce n'était pas juste que les seuls mots qui lui vinssent à l'idée fussent du genre de ceux qu'on entend dans les feuilletons télé, quand les gens sont accablés par une mort soudaine. Elle aurait voulu trouver des paroles bien à elle.

— Non.

Sans savoir pourquoi, elle revit la tête de la grosse Noire ballottant sur l'épaule de l'adolescente.

— Non.

— Je vous reparlerai dans la journée, disait le docteur à Howard. Nous avons encore certaines choses à faire, certaines choses à expliquer. Certaines choses qu'il faut expliquer.

— Une autopsie, dit Howard.

Le Dr Francis acquiesça de la tête.

— Je comprends, dit Howard.

Puis il ajouta :

— Oh ! mon Dieu ! Non, je ne comprends pas, docteur. Je ne peux pas, je ne peux pas, je ne peux pas, c'est tout.

Le Dr Francis lui mit le bras sur les épaules.

— Je suis désolé. Dieu m'est témoin que je suis désolé.

Il lâcha les épaules d'Howard et lui tendit la main. Howard la regarda, puis la serra. Le Dr Francis reprit Ann dans ses bras. Il semblait plein d'une bonté qu'elle ne comprenait pas. Elle posa la tête contre l'épaule du docteur, mais garda les yeux ouverts. Elle regardait l'hôpital. Comme ils sortaient du parking, elle se retourna pour regarder l'hôpital.

A la maison, elle s'assit sur le canapé, les mains dans les poches de son manteau. Howard ferma la porte de la chambre de l'enfant. Il mit la cafetière en route, puis trouva un carton vide. Il voulait ramasser les jouets éparpillés dans le séjour. Mais à la place, il s'assit à côté d'elle sur le canapé, repoussa le carton, et se pencha, les bras entre les genoux. Il se mit à pleurer. Elle attira sa tête sur ses genoux et lui tapota les épaules. Par-dessus les sanglots d'Howard, elle entendait la cafetière siffler dans la cuisine.

— Là, là, dit-elle tendrement. Howard, il est parti. Il est parti, et il faudra nous habituer. A être seuls.

Au bout d'un moment, Howard se leva et se mit

à tourner en rond dans la pièce, son carton à la main, sans rien mettre dedans, mais rassemblant quelques objets à un bout du canapé. Elle resta assise, les mains dans les poches de son manteau. Howard posa son carton et apporta le café au séjour. Plus tard, Ann appela quelques parents. Après chaque appel, quand son correspondant décrochait, Ann bredouillait quelques mots et pleurait une bonne minute. Puis elle expliquait raisonnablement, d'une voix posée, ce qui était arrivé et donnait les renseignements pour les obsèques. Howard emporta le carton dans le garage, où il vit la bicyclette de l'enfant. Il lâcha le carton et s'assit par terre. Puis il prit la bicyclette maladroitement dans ses bras et la serra contre son cœur. Il la serrait, et la pédale en caoutchouc lui entrait dans la poitrine. Il fit tourner la roue, une fois.

Ann raccrocha après avoir parlé à sa sœur. Elle cherchait un autre numéro quand le téléphone sonna. Elle décrocha aussitôt.

— Allô ?

Elle entendit un bruit de fond, comme un bourdonnement.

— Allô ! dit-elle. Pour l'amour du ciel, qui est-ce ? Qu'est-ce que vous voulez ?

— Votre Scotty, il est prêt, dit la voix d'homme. Vous l'avez oublié ?

— Espèce de salopard ! hurla-t-elle dans le combiné. Comment pouvez-vous faire une chose pareille, espèce de salaud ?

— Scotty, dit l'homme. Vous avez oublié Scotty ?

Et il raccrocha.

Howard entendit son cri et rentra précipitamment ; il la trouva la tête dans les bras, sur la table, et en sanglots. Il prit le combiné et n'entendit que la tonalité.

Beaucoup plus tard, juste après minuit, quand ils eurent terminé ce qu'ils avaient à faire, le téléphone sonna.

— Réponds, dit-elle. Howard, c'est lui, je le sens.

Ils s'étaient assis devant un café, à la table de la cuisine. Howard avait un petit verre de whisky à côté de sa tasse. Il décrocha à la troisième sonnerie.

— Allô, dit-il. Qui est à l'appareil ? Allô ! Allô !

On coupa à l'autre bout.

— Il a raccroché, dit Howard. Celui qui appelait.

— C'était lui. Le salaud ! Je voudrais le tuer. Je voudrais le mitrailler et le regarder se tortiller par terre.

— Ann, je t'en prie !

— Tu as entendu quelque chose ? Un bruit de fond ? Un bruit de machines, comme un bourdonnement ?

— Rien, je t'assure. Rien de semblable. Je n'ai pas eu beaucoup de temps. Je crois que la radio était allumée. Oui, il y avait une radio qui marchait, c'est tout ce que je peux te dire. Je ne comprends vraiment pas ce qui se passe.

Elle secoua la tête.

— Si je pouvais lui mettre la main dessus.

Puis elle se rappela. Elle savait qui c'était. Scotty, le gâteau, le numéro de téléphone. Elle repoussa sa chaise et se leva.

— Conduis-moi au centre commercial, Howard.

— Qu'est-ce que tu dis ?

— Le centre commercial. Je sais qui appelle. Je sais qui c'est. C'est le pâtissier, ce salaud de pâtissier, Howard. Je lui avais commandé un gâteau pour l'anniversaire de Scotty. C'est lui qui appelle. C'est lui qui a notre numéro et n'arrête pas d'appeler. Pour nous harceler à propos de ce gâteau. Le pâtissier. Quel salaud !

Ils allèrent au centre commercial. Le ciel était clair et les étoiles scintillaient. Il faisait froid et ils mirent le chauffage dans la voiture. Ils s'arrêtèrent devant la pâtisserie. Tous les magasins et boutiques étaient fermés, mais il y avait des voitures à l'autre bout du parking, devant le cinéma. Les vitrines de la pâtisserie étaient noires, mais en approchant des vitres, ils virent que l'arrière-boutique était allumée. De temps en temps, un grand costaud entrait et sortait d'une flaque de lumière blafarde. Par la vitre, elle voyait les présentoirs et quelques petites tables entourées de chaises. Elle essaya de pousser la porte. Elle tapa aux vitres. Mais si le pâtissier les entendit, il fit la sourde oreille. Il ne regarda même pas dans leur direction.

Ils firent le tour de la pâtisserie, se garèrent et descendirent de voiture. Il y avait une fenêtre éclairée, mais trop haute pour qu'ils puissent voir à l'intérieur. Près de la porte, une pancarte annonçait : PÂTISSERIE — COMMANDES. Elle entendit la radio marcher doucement à l'intérieur, et quelque chose qui grinçait — une porte de four qu'on ouvrait ? Elle frappa et attendit. Puis elle frappa de nouveau, plus fort. On baissa la radio, puis elle entendit un frottement cette fois, comme un tiroir qu'on ouvre et qu'on referme.

Quelqu'un ouvrit la porte. Debout dans la lumière, le pâtissier les regarda.

— Je suis fermé pour les commandes, dit-il. Qu'est-ce que vous voulez à une heure pareille ? Il est minuit. Vous êtes saouls ou quoi ?

Elle s'avança dans la lumière venant de la porte. Les lourdes paupières du pâtissier battirent en la reconnaissant.

— C'est vous, dit-il.

— C'est moi, dit-elle. La mère de Scotty. Et voilà le père de Scotty. Nous aimerions entrer.

— Je suis occupé. J'ai du travail, dit le pâtissier.

Elle était entrée de toute façon. Howard la suivit. Le pâtissier recula.

— Ça sent la pâtisserie ici. Tu ne trouves pas que ça sent la pâtisserie, Howard ?

— Qu'est-ce que vous voulez ? dit le pâtissier. Peut-être que vous voulez votre gâteau ? C'est ça, vous avez décidé que vous voulez votre gâteau. Vous avez bien commandé un gâteau, non ?

— Vous êtes futé pour un pâtissier, dit-elle. Howard, voilà l'homme qui n'arrête pas de nous appeler.

Elle serra les poings en le regardant d'un air féroce. Elle se sentait consumée de l'intérieur, consumée d'une colère qui lui donnait l'impression d'être plus grande qu'elle-même, plus grande que ces deux hommes.

— Une minute, dit le pâtissier. Vous voulez votre gâteau de trois jours ? C'est ça ? Je vais pas discuter avec vous, ma petite dame. Il est là, et de plus en plus rassis. Je vous le laisserai pour la moitié du prix convenu. Non. Vous le voulez ? Il est à vous. Moi, je peux rien en faire maintenant, personne peut rien en faire. Il m'a coûté du temps et de l'argent, ce gâteau. Si vous le voulez, d'accord, si vous n'en voulez pas, encore d'accord. Il faut que je me remette au boulot.

Il les regarda, passant la langue entre ses dents.

— Encore des gâteaux, dit-elle.

Elle savait qu'elle se maîtrisait, qu'elle maîtrisait ce qui montait en elle. Elle était calme.

— Je travaille seize heures par jour pour gagner ma vie, ma petite dame, dit le pâtissier en s'essuyant les mains à son tablier. Je travaille nuit et jour pour joindre les deux bouts.

Le visage d'Ann prit une expression qui fit reculer le pâtissier.

— Attention, du calme, dit-il.

Il tendit le bras vers son comptoir et y prit de la main droite un rouleau à pâtisserie qu'il se mit à taper dans sa paume gauche.

— Vous voulez le gâteau oui ou non ? Il faut que je me remette au boulot. Les pâtissiers, ça travaille jour et nuit.

Il avait de petits yeux mauvais, pensa-t-elle, perdus dans ses grosses joues hérissées de barbe. Il avait le cou gras et épais.

— Je sais que les pâtissiers travaillent la nuit, dit Ann. Ils téléphonent la nuit, aussi. Espèce de salaud !

Le pâtissier continua à taper son rouleau dans sa main. Il jeta un coup d'œil à Howard.

— Du calme, du calme, lui dit-il.

— Mon fils est mort, dit-elle d'un ton froid, définitif. Il a été renversé par une voiture lundi matin. Nous l'avons veillé jusqu'à sa mort. Mais, bien entendu, vous ne pouviez pas le savoir, n'est-ce pas ? Les pâtissiers ne peuvent pas tout savoir — n'est-ce pas, M. le Pâtissier ? Mais il est mort. Il est mort, salaud !

Aussi soudainement que la colère était montée en elle, elle se retira, faisant place à autre chose, à une sorte de vertige nauséeux. Elle s'appuya contre la table en bois saupoudrée de farine, se cacha le visage dans les mains et se mit à pleurer, à gros sanglots qui lui secouaient les épaules.

— Ce n'est pas juste, dit-elle. Ce n'est pas juste, ce n'est pas juste.

Howard la prit par la taille et regarda le pâtissier.

— Vous devriez avoir honte, dit-il.

Le pâtissier reposa son rouleau à pâtisserie sur le comptoir. Il ôta son tablier qu'il jeta à côté du rouleau. Il les regarda en secouant lentement la tête. Il tira une chaise de sous la table de bridge, sur laquelle étaient éparpillés des papiers, des reçus, une calculette et un annuaire.

— Je vous en prie, asseyez-vous, dit-il à Howard. Je vais vous chercher une chaise. Asseyez-vous, s'il vous plaît.

Il passa dans la boutique et revint avec deux petites chaises en fer forgé.

— S'il vous plaît, asseyez-vous tous les deux.

Ann s'essuya les yeux et regarda le pâtissier.

— J'aurais voulu vous tuer, dit-elle. Vous voir mort.

Le pâtissier leur fit de la place sur la table. Il poussa de côté la calculette, les papiers et les reçus. Il poussa l'annuaire qui atterrit avec un bruit mat. Howard et Ann s'assirent et rapprochèrent leurs chaises de la table. Le pâtissier s'assit aussi.

— Je voudrais vous dire à quel point je regrette ce que j'ai fait, dit le pâtissier posant ses coudes sur la table. Dieu seul sait comme je le regrette. Écoutez. Je ne suis qu'un pâtissier. J'ai pas la prétention d'être autre chose. Peut-être qu'avant, il y a des années, j'étais autrement. J'ai oublié, je ne sais plus. Mais je ne suis plus ce que j'étais, si je l'ai jamais été. Maintenant, je suis plus qu'un pâtissier. Ça n'excuse pas ce que j'ai fait. Mais je le regrette. Je regrette ce qui est arrivé à votre fils, et le rôle que j'ai joué.

Il étala ses mains sur la table, puis les retourna, paumes en l'air.

— Je n'ai pas d'enfants, alors je peux seulement imaginer ce que vous souffrez. Tout ce que je peux vous dire, c'est que je regrette. Pardonnez-moi, si vous pouvez. Je ne suis pas mauvais bougre, je crois pas. Je suis pas un salaud comme vous avez dit au téléphone. Il faut que vous compreniez, je suis devenu un vieil ours, on dirait. Je vous en prie, est-ce que vous pourrez me pardonner ?

Il faisait chaud dans la pâtisserie ; Howard se leva, ôta son manteau et aida Ann à ôter le sien. Le pâtissier les considéra quelques instants, puis hocha la tête et se leva aussi. Il s'approcha du four et tourna quelques boutons. Il trouva des tasses et les remplit de café à la cafetière électrique. Il posa un pot de crème et un sucrier sur la table.

— Vous avez sûrement besoin de manger un morceau, dit le pâtissier. J'espère que mes petits pains tout chauds vous plairont. Il faut que vous mangiez pour tenir le coup. Manger, c'est pas grand-chose, mais ça fait du bien dans une situation comme ça.

Il leur servit des petits pains à la cannelle tout chauds sortis du four, et dont le glaçage coulait encore. Il posa le beurre sur la table, et des couteaux pour l'étaler. Puis il s'assit avec eux. Il attendit. Il attendit jusqu'au moment où chacun d'eux prit un petit pain et se mit à manger.

— Ça fait du bien de manger quelque chose, dit-il en les observant. Il y en a encore. Mangez. Mangez tout ce que vous voudrez. Il y en a tant qu'on veut.

Ils mangèrent les petits pains en buvant du café. Soudain, Ann se sentit affamée, et les petits pains étaient chauds et sucrés. Elle en mangea trois, ce qui fit plaisir au pâtissier. Puis il se mit à parler. Ils l'écoutaient avec attention. Bien qu'ils fussent épuisés et angoissés, ils écoutèrent tout ce que le pâtissier avait à leur dire. Ils hochèrent la tête quand le pâtissier se mit à parler de la solitude, et de cette impression de doute et de limitation qu'il ressentait dans son âge mûr. Il leur dit ce que c'était que d'avoir passé toute une vie sans enfants. Il leur parla des jours qui se répétaient, avec les fours tout le temps pleins et tout le temps vides. La préparation des buffets, des fêtes. Les glaçages épais comme ça. Les petits mariés plantés en haut des gâteaux de noces. Des centaines, non, des milliers, maintenant. Les anniversaires. Vous voyez ça, toutes ces bougies qui brûlent. Il avait une bonne clientèle. Il était pâtissier. Il était content de n'être pas fleuriste. C'est mieux de nourrir les gens. Et ça sentait meilleur que les fleurs.

— Sentez-moi ça, dit le pâtissier, rompant un pain complet. C'est un pain lourd, mais riche.

Ils sentirent le pain, puis il le leur fit goûter. Il avait un goût de mélasse et de grain concassé. Ils l'écoutèrent. Ils mangèrent tout ce qu'ils voulurent. Ils avalèrent le pain complet. Les lumières fluorescentes éclairaient comme en plein jour. Ils parlèrent jusqu'au petit matin, quand l'aube grise pâlit les hautes fenêtres, sans penser à partir.

Traduction : Simone Hilling

Jerry et Molly et Sam

Il ne restait plus que cette solution. Non, vraiment, Al n'en voyait pas d'autre. Il fallait qu'il se débarrasse de la chienne à l'insu de Betty et des gosses. La nuit. Il faudrait que ce soit la nuit. Il ferait simplement monter Suzy en voiture, l'emmènerait quelque part — où ? Ça, il serait toujours temps de voir —, ouvrirait la portière, la pousserait dehors et prendrait le large. Et le plus tôt serait le mieux. Il se sentit soulagé d'avoir pris cette résolution. Mieux valait faire n'importe quoi que de ne rien faire du tout. Il en était de plus en plus persuadé.

On était dimanche. Il se leva de la table de la cuisine où il venait d'avaler en Suisse un petit déjeuner tardif et il alla se camper à côté de l'évier, les mains dans les poches. Depuis quelque temps, tout allait mal. Il avait bien assez d'emmerdements sans avoir à se soucier en plus de ce sale cabot. Chez Aerojet, on dégraissait, alors qu'en bonne logique il aurait dû y avoir de l'embauche. C'était le milieu de l'été, les contrats de la Défense affluaient, et la direction de l'usine parlait de réduire son personnel. Et le réduisait même bel et bien, à petites doses. Chaque jour, il y avait quelques licenciements de plus. Et Al était aussi menacé qu'un autre, même si son embauche à lui remontait à bientôt trois ans. Il avait d'excellentes relations avec les gens qu'il fallait, mais par les temps qui courent, l'ancienneté, le copinage, tout ça ne vaut pas un pet de lapin. Il suffisait de tirer le mauvais numéro, et vlan ! Personne n'y pouvait rien. S'ils décidaient de licencier, ils licencieraient. Par paquets de cinquante, ou de cent.

Tout le monde était menacé de la même façon depuis les contremaîtres et les chefs d'équipe jusqu'aux simples gars de la chaîne. Et trois mois plus tôt, juste avant que les dégraissages démarrent, il s'était laissé persuader par Betty de venir s'installer dans cette baraque de rêve. Deux cents tickets par mois, avec option d'achat. Tu parles d'une connerie !

Al n'avait pas vraiment envie de déménager. Il trouvait qu'ils disposaient d'un confort bien suffisant. Qui aurait pu prévoir que quinze jours après leur installation les licenciements commenceraient ? Mais qui peut prévoir quoi que ce soit au jour d'aujourd'hui ? Par exemple, il y avait Jill. Elle était employée chez Weinstock, dans les services comptables. Jill était une brave fille et disait à Al qu'elle l'aimait. Elle se sentait un peu seule. C'est ce qu'elle lui avait dit la première nuit. Elle lui avait dit aussi, toujours la première nuit, qu'il n'était pas dans ses habitudes de se laisser draguer par des hommes mariés. Quand il avait fait sa connaissance trois mois auparavant, juste au moment où les rumeurs de licenciements commençaient à courir, Al avait le moral à zéro et les nerfs en boule. Ils s'étaient rencontrés au Town & Country, un bar de son nouveau quartier. Ils avaient dansé un peu, ensuite il l'avait raccompagnée chez elle et ils s'étaient bécotés dans la voiture. Il n'était pas monté avec elle ce soir-là, et pourtant il était sûr qu'elle n'aurait pas dit non. Il avait attendu le lendemain soir.

Et maintenant il avait une *maîtresse*, bon Dieu de bois ! Un boulet de plus à traîner. Il ne tenait pas à ce que leur liaison s'éternise, mais il ne voulait pas rompre non plus : on ne peut quand même pas tout jeter par-dessus bord dès qu'une tempête se lève. Al était en train de partir à la dérive, il le savait, et il ne voyait vraiment pas comment ça finirait. Mais il avait le sentiment de ne plus rien contrôler. Plus rien. Ces temps-ci, la peur de la vieillesse s'était mise à le hanter après qu'il eut souffert de constipation plusieurs jours de suite, car c'était un trouble qu'il associait aux gens âgés. Et puis le début de la calvitie qui était apparu au sommet de son crâne commençait à le tarabuster, et il lui arrivait de se demander s'il n'était pas temps de réviser sa manière de se coiffer. Qu'allait-il faire de sa vie ? Il aurait bien voulu le savoir.

Il avait trente et un ans.

Et alors qu'il se colletait avec tous ces problèmes, voilà que Sandy, la sœur cadette de sa femme, s'était avisée d'offrir à Alex et à Mary, ses enfants, cette chienne bâtarde. Ça s'était produit quatre mois plus tôt, et Al aurait tout donné pour n'avoir jamais vu ce maudit animal. Ni cette garce de Sandy d'ailleurs. Elle leur ramenait tout le temps des cadeaux à la con qui finissaient invariablement par lui coûter du fric, des gadgets imbéciles qui se déglinguaient au bout d'un jour ou deux, qu'il fallait réparer coûte que coûte, et qui pour les deux gosses étaient autant de prétextes à se chamailler, à se brailler dessus et à se filer des gnons. Purée ! Et là-dessus elle s'arrangeait encore pour lui soutirer vingt-cinq dollars — par le truchement de Betty, bien entendu. Rien qu'à l'idée de tous ces chèques de vingt-cinq et de cinquante dollars, et des quatre-vingt-cinq dollars qu'elle lui avait empruntés le mois dernier pour payer une traite sur sa voiture — bon Dieu, lui faire régler les traites de sa bagnole, à lui qui bientôt n'aurait peut-être plus de toit sur la tête ! — il avait envie de le crever, ce sale cabot.

Sandy ! Betty, Alex et Mary ! Jill ! Et Suzy, le sale cabot !

C'était tout Al, ça.

Il fallait reprendre les choses en main, rectifier le tir, repartir sur de nouvelles bases. Il était temps de passer à l'action, de remettre de l'ordre dans ses idées. Et il allait s'y atteler dès ce soir.

Il ferait monter la chienne dans la voiture en catimini, puis il sortirait sous un prétexte ou un autre. Il imaginait déjà la manière dont Betty le regarderait s'habiller, les yeux baissés, les questions qu'elle lui poserait au moment où il passerait la porte — où vas-tu ? quand rentres-tu ? etc. — de cette voix résignée qui le rendait encore plus honteux. Il ne s'habituerait jamais à lui mentir. En outre, il répugnait à écorner les maigres réserves de confiance qui subsistaient encore entre eux en lui dissimulant quelque chose de bien différent de ce qu'elle soupçonnait. Ce serait un mensonge gâché, en quelque sorte. Mais même si pour une fois il n'allait *pas* boire, n'allait *pas* voir une autre femme, il ne pouvait pas lui avouer la vérité, lui dire qu'il allait se débarrasser de ce sale cabot et que ce serait un premier pas vers la remise en ordre de leur vie familiale.

Il se passa une main sur la figure et s'efforça de faire le vide dans son esprit. Il sortit du frigo une boîte de Lucky fraîche et fit sauter la languette d'aluminium. A force de mensonges accumulés, sa vie était devenue un inextricable dédale, et il n'était pas sûr de pouvoir trouver un fil qui lui permettrait d'en sortir.

— Saleté de clebs, dit-il à voix haute.

« Cette chienne n'a pas le moindre grain de bon sens ! » : c'est ainsi qu'Al décrivait Suzy. En plus elle était sournoise. Chaque fois qu'il sortait en laissant la porte de derrière ouverte, elle se faufilait à l'intérieur en soulevant la porte à treillis et se soulageait sur la moquette qui, à présent, était constellée d'une bonne demi-douzaine d'auréoles suspectes. Mais son repaire favori était la buanderie, où elle farfouillait dans le linge sale, si bien que tous les slips et les petites culottes de la maison se retrouvaient en charpie. Elle avait rongé les gaines des câbles d'antenne extérieurs et un jour, en rentrant du travail, Al l'avait trouvée vautrée sur la pelouse avec une de ses Florsheims dans la gueule.

— Cette chienne est folle, disait-il. Et elle me rend fou. Ma paie suffit à peine à remplacer ce qu'elle démolit. Un de ces jours, je vais la crever, cette sale bête !

Betty supportait Suzy sur des durées plus longues. Elle subissait ses sottises avec une apparente placidité pendant un temps, puis tout à coup se précipitait sur elle en brandissant les poings, la traitait de sale bête, de bâtarde, hurlait aux enfants qu'il ne fallait pas la laisser entrer dans leur chambre, ni dans la salle de séjour. Betty se comportait de la même manière avec les enfants. Elle les tolérait un certain temps, leur passait un certain nombre d'excès, puis soudain faisait pleuvoir sur eux une grêle de gifles en vociférant : « Assez ! Assez ! Je n'en peux plus, arrêtez-vous ! »

— C'est la première fois qu'ils ont un chien, lui objectait Betty. Je suis sûre que toi aussi, tu as adoré ton premier chien.

— Mon chien avait quelque chose dans le crâne, lui, rétorquait Al. C'était un setter irlandais !

L'après-midi passa. Betty et les enfants étaient partis Dieu sait où en voiture. A leur retour, ils s'installèrent dans le petit patio pour manger des sandwiches et des chips. Al s'endormit sur la pelouse et, à son réveil, le soir tombait déjà.

Il prit une douche, se rasa, enfila un pantalon correct et une chemise propre. Il se sentait reposé, mais un peu gourd. En s'habillant, il se mit à penser à Jill. Puis il pensa à Betty, à Alex et à Mary, à Sandy, à Suzy. La tête lui tournait.

Betty parut à la porte de la salle de bains et, posant sur lui un regard lourd, elle lui annonça :

— Le dîner sera bientôt prêt.

— Oh ! moi, je n'ai pas faim, dit-il en tripotant le col de sa chemise. La chaleur me coupe l'appétit. Peut-être bien que je vais aller chez Carl faire un petit billard, boire une bière ou deux.

— Je vois, dit Betty.

— Oh, bon Dieu ! siffla-t-il.

— Mais vas-y donc, dit-elle. Je m'en fiche.

— Je rentrerai de bonne heure, dit-il.

— Vas-y, je te dis, fit Betty. Puisque je te dis que je m'en fiche.

Dans le garage, il s'écria : « Allez tous vous faire voir ! » et, d'un coup de pied rageur, il envoya balader le râteau en travers du sol cimenté. Ensuite, il alluma une cigarette et il tâcha de se ressaisir. Il alla ramasser le râteau et le rangea à sa place habituelle en marmonnant dans sa barbe. Il disait : « De l'ordre ! De l'ordre ! », et là-dessus la chienne s'approcha de l'entrée du garage. Elle renifla le chambranle de la porte, puis ses yeux se posèrent sur Al.

— Ici, dit-il. Viens, Suzy. Viens, ma fille.

La chienne se mit à remuer la queue, mais elle resta à la même place.

Il s'avança jusqu'au placard au pied duquel ils rangeaient la tondeuse à gazon et en sortit une boîte de pâtée pour chien, puis une deuxième, une troisième.

— Ce soir, tu as droit à autant de bouffe que tu voudras, ma vieille Suzy, dit-il d'une voix câline. Oui, tu vas pouvoir t'en mettre plein la lampe, ajouta-t-il en ouvrant la première boîte et en faisant glisser la pâte gluante dans le plat de la chienne.

Il tourna en rond pendant près d'une heure. Il n'arrivait pas à décider d'un endroit. S'il la lâchait au hasard dans un quartier quelconque, il suffirait que quelqu'un se mêle d'appeler la fourrière et la chienne leur serait restituée au bout d'un jour ou deux. Le premier soin de Betty serait de téléphoner à la fourrière du comté. Il se souvenait d'avoir lu des histoires de chiens perdus qui retrouvaient leur chemin et parcouraient des centaines de miles pour retourner chez eux. Des images de séries policières où des gens relevaient le numéro d'une voiture lui passèrent par la tête, et son cœur fit un bond dans sa poitrine. Si on le prenait en flagrant délit d'abandon de chien, il serait désigné à l'opprobre public, sans aucun moyen de se disculper. Il ne fallait pas qu'il se trompe d'endroit.

Il poussa jusqu'à l'American River. De toute façon, la chienne aurait eu besoin de sortir plus souvent, de sentir le vent sur son dos, de pouvoir barboter dans la rivière chaque fois qu'elle en avait envie ; c'est malheureux, une bête qui reste enfermée tout le temps. Mais le paysage du côté de la digue n'était guère engageant : rien que des champs pelés, et pas une seule habitation en vue. Or, Al souhaitait que la chienne fût recueillie et bien traitée. Ce qu'il aurait voulu, c'est une grande maison ancienne, avec des enfants heureux, sages, bien élevés, qui auraient envie d'un chien, terriblement envie d'un chien. Mais il n'y avait pas de grande maison ancienne dans ce secteur, pas la queue d'une.

Al regagna la grand-route. Il jeta un coup d'œil à la chienne, qu'il n'avait pu se résoudre à regarder depuis qu'il l'avait attirée dans la voiture. Elle était tranquillement étendue sur la banquette arrière. Mais lorsqu'il quitta la route et stoppa le moteur, elle se dressa sur son séant et se mit à geindre en jetant des regards autour d'elle.

Al s'était arrêté devant un bar. Avant d'y pénétrer, il abaissa toutes les vitres de la voiture. Il passa près d'une heure à l'intérieur, buvant bière sur bière, jouant aux palets. Il se répétait qu'il aurait peut-être mieux fait de laisser aussi les portes entrebâillées. Quand il ressortit du bar, Suzy était toujours sur la banquette. En le voyant, elle se dressa sur son séant, retroussa les babines et lui montra les crocs.

Il s'installa au volant et repartit.

Sur ce, il eut une inspiration. Leur ancien quartier serait l'endroit rêvé. Non content de pulluler de mioches, il était juste au-delà de la limite du comté de Yolo. Si Suzy se faisait embarquer à la fourrière, c'est à Woodland qu'elle atterrirait, et non à Sacramento. Il n'avait qu'à s'engager dans l'une des rues du quartier, arrêter la voiture, jeter dehors une poignée de cette saleté dont elle se nourrissait, ouvrir la portière, la pousser un peu au besoin et, hop, il l'aurait larguée. Il ne lui resterait plus qu'à se cavaler en vitesse et ce serait une affaire réglée.

Il fonça droit vers la banlieue.

Il y avait des vérandas éclairées et il passa devant deux ou trois maisons où des hommes et des femmes prenaient le frais, assis sur les marches de leur perron. Il continua, à petite vitesse, et lorsqu'il arriva en vue de son ancienne maison, il leva encore le pied et passa devant elle à une allure extrêmement réduite, les yeux rivés sur la porte d'entrée, la véranda, les fenêtres illuminées. La vue de cette maison ne faisait qu'accuser encore le sentiment de vacuité qu'il éprouvait. Il avait vécu là — combien de temps, déjà ? Un an ? Seize mois ? Et avant cela, il avait habité Chico, Red Bluff, Tacoma, Portland (c'est là qu'il avait connu Betty), Yakima... Toppenish, où il était né et dont il avait fréquenté l'école secondaire. Il lui semblait que depuis son enfance il n'avait pas vécu un seul jour sans être tenaillé par des tracas sans nombre. Il pensa aux randonnées d'été dans les Cascades, les nuits à la belle étoile, les parties de pêche dans les torrents, aux automnes passés à chasser le faisan derrière Sam, le pelage d'un roux flamboyant de setter lui servant de balise à travers les champs de maïs et de luzerne où le petit garçon qu'il était et ce chien, qui était à lui, se lançaient dans des courses folles. Il aurait aimé continuer sa route, rouler, rouler sans trêve jusqu'à ce qu'il ait rejoint la vieille rue principale de Toppenish, avec ses pavés en brique, tourner à gauche au premier carrefour, encore à gauche, s'arrêter devant la maison de sa mère et ne plus jamais en repartir, non, plus jamais, sous aucun prétexte.

Il était entré dans la partie obscure de la rue. En face de lui, il y avait un vaste champ désert que la rue contournait en virant vers la droite. Côté champ, il n'y avait aucune habitation sur une bonne centaine de mètres et une seule maison, non éclairée, de l'autre côté de la rue. Al arrêta la voiture et, sans même réfléchir à ce qu'il faisait, saisit une poignée de pâtée pour chien, se pencha au-dessus de son siège, ouvrit la portière arrière, du côté du champ, jeta la pâtée dans l'herbe et fit : « Va Suzy, va ! » Il poussa la chienne vers la portière ouverte et elle finit par bondir dehors, à contrecœur. Il se pencha encore un peu, referma la portière, redémarra et s'éloigna sans hâte. Ensuite, par paliers, il accéléra.

Il s'arrêta chez Dupee, le premier bar qu'il rencontra sur la route de Sacramento. Il était nerveux, suant. Contrairement à son attente, il n'éprouvait nullement la sensation d'avoir été libéré d'un poids. Mais il se répétait que c'était un pas dans la bonne direction, dont l'effet bienfaisant se ferait bientôt sentir. Demain, peut-être. Le tout était d'être patient.

Quatre bières plus tard, une fille vint s'installer sur le tabouret voisin. Elle portait un pull à col roulé, était chaussée de sandales et trimbalait une valise. Elle posa sa valise entre leurs tabourets. Apparemment, elle connaissait le barman, qui lui adressait la parole à chaque fois qu'il passait par là, et s'arrêta même une fois ou deux pour échanger de rapides propos avec elle. Elle apprit à Al qu'elle se nommait Molly, refusa la bière qu'il lui offrait, mais dit que en revanche elle partagerait volontiers une pizza avec lui.

Al lui sourit, et elle lui rendit son sourire. Il sortit ses cigarettes et son briquet et les posa sur le comptoir.

— Va pour la pizza ! fit-il.

Quelque temps plus tard, il lui dit :

— Je peux vous déposer quelque part ?

— Non, merci, dit la fille. J'attends quelqu'un.

— Vous partez en voyage ? demanda-t-il.

— Moi ? Non, dit-elle. Oh ! c'est à cause de ça que vous me posez cette question, ajouta-t-elle en s'esclaffant et en effleurant sa valise du bout du pied. Non, je ne vais nulle part. Je vis ici, à West Sacramento. Cette valise ne contient qu'un moteur de machine à laver. Il est à ma mère. Jerry, le barman, est un bon bricoleur et il lui a offert de la réparer à l'œil.

Al se leva. Il chancelait un peu. Il se pencha vers elle et dit :

— Bon ben, salut, ma poule. A un de ces jours.

— J'espère bien, dit-elle. Merci pour la pizza, hein. Je n'avais rien mangé depuis midi. J'essaie de me débarrasser de ça.

Et soulevant son pull, elle pinça la chair de sa taille entre ses doigts.

— Vous êtes sûre que je ne peux pas vous déposer quelque part ? dit Al.

La fille secoua négativement la tête.

Al remonta en voiture et tout en conduisant plongea une main dans sa poche pour y prendre ses cigarettes et son briquet. Il se fouilla avec un énervement croissant, puis se souvint de les avoir laissés sur le comptoir. Oh et puis merde, se dit-il, qu'elle se les garde. Qu'elle range mes cigarettes et mon briquet dans sa valise, avec la machine à laver. Ce sera une dépense de plus à porter au compte de la chienne. Mais la dernière, nom de Dieu ! A présent qu'il avait les idées plus claires, il en voulait à cette fille qui s'était montrée si peu accommodante avec lui. S'il avait été dans d'autres dispositions d'esprit, il l'aurait sans doute levée. Mais quand on est déprimé, tous vos gestes en portent la marque, ne serait-ce que celui d'allumer une cigarette.

Il décida d'aller voir Jill. Il s'arrêta à un magasin de spiritueux et acheta une demi-bouteille de bourbon. Il gravit l'escalier de l'immeuble et s'arrêta sur le palier de Jill pour reprendre son souffle et se nettoyer les dents de la langue. La pizza lui avait laissé un goût de champignon dans la bouche, et le bourbon lui avait incendié la gorge. Il aurait voulu foncer droit dans la salle de bains et faire usage de la brosse à dents de Jill.

Il frappa à la porte, chuchota : « C'est moi, Al ! », puis, haussant la voix, il répéta : « Al ! » Il entendit Jill se lever. Elle déverrouilla la porte, puis elle essaya d'ôter la chaîne de sécurité, mais il pesait sur le battant de tout son poids.

— Une seconde, mon chéri. Al, arrête de pousser, je n'arrive pas à décrocher la chaîne. Là, voilà.

Elle ouvrit la porte, lui prit la main et le dévisagea. Ils s'étreignirent maladroitement et il l'embrassa sur la joue.

— Tiens, assieds-toi, mon chou. Ici...

Elle alluma une lampe et l'aida à s'asseoir sur le divan. Ensuite, elle effleura ses bigoudis du bout des doigts et fit :

— Je vais me mettre du rouge à lèvres. Tu veux boire quelque chose en attendant ? Du café ? Un jus de fruit ? Une bière ? Oui, il me semble que j'ai de la bière. Qu'est-ce que c'est que ça ?... du bourbon ? Alors, qu'est-ce que je te sers, mon chou ?

Elle lui passa une main dans les cheveux, se pencha sur lui et le regarda dans le blanc des yeux.

— Qu'est-ce que tu veux, mon pauvre bébé ? dit-elle.

— Je veux juste que tu me prennes dans tes bras, dit-il. Viens là. Assieds-toi. Pas besoin de rouge à lèvres, dit-il en l'attirant sur ses genoux. Tiens-moi, dit-il. Tiens-moi, je tombe.

Elle lui passa un bras autour des épaules.

— Viens, lui dit-elle. Viens, bébé, allons au lit, viens, que je te fasse plaisir.

— Non, je t'assure, Jill, dit-il. Je suis au bord du gouffre. Je sens que je vais tomber... Je ne sais pas.

Il la regardait fixement. Il sentait bien qu'il était hagard, bouffi, mais il n'arrivait pas à modifier son expression.

— C'est sérieux, fit-il.

Elle hocha la tête.

— Ne pense à rien, mon bébé. Détends-toi, lui dit-elle.

Elle prit son visage entre ses mains, l'attira à elle, l'embrassa sur le front, puis sur ses lèvres. Elle pivota légèrement sur elle-même, lui dit : « Ne bouge plus, Al », fit glisser ses doigts derrière sa nuque et lui saisit fermement la tête. Al promena un regard indécis autour de lui, puis il s'efforça d'accommoder pour voir ce qu'elle était en train de faire. Elle lui maintenait le visage de ses doigts robustes et lui pressait un point noir sur le nez avec les ongles et les pouces.

— Ne t'agite pas, lui dit-elle.

— Non, fit-il. Ne fais pas ça ! Arrête ! Je ne suis pas d'humeur à...

— Il est presque sorti. Ne bouge pas, je te dis !... Tiens, regarde. Hein, qu'est-ce que tu dis de ça ? Tu ne savais pas qu'il était là, pas vrai ? Je t'en enlève encore un, bébé, un très gros. Le dernier.

— Toilettes ! éructa-t-il en la repoussant hors de son chemin.

Chez lui, tout n'était que tumulte et pleurs. Avant même qu'il ait fini de se garer, Mary se précipita vers la voiture, en larmes.

— Suzy s'est sauvée, sanglotait-elle. Elle s'est sauvée et elle reviendra jamais. J'en suis sûre, papa ! Elle s'est sauvée !

Il sentit son cœur se serrer. *Oh ! mon Dieu, qu'est-ce que j'ai fait ?*

— Ne t'en fais pas, va, mon poussin, lui dit-il. Elle doit être en train de vadrouiller Dieu sait où. Elle reviendra.

— Non, elle reviendra pas ! Je sais qu'elle reviendra pas ! Maman dit que si ça se trouve, on va devoir prendre un autre chien.

— Eh bien, ça ne te plairait pas, mon petit chou ? D'avoir un autre chien, si Suzy ne revient pas ? On ira au magasin d'animaux et...

— Je ne veux pas d'autre chien ! s'écria la fillette en se cramponnant à sa jambe.

— On pourrait pas avoir un singe au lieu d'un chien ? interrogea Alex. Si on va au magasin d'animaux pour acheter un chien, on pourrait pas prendre un singe à la place ?

— Je ne veux pas d'un singe ! beugla Mary. Je veux Suzy !

— Allez, lâchez-moi, à présent. Laissez papa rentrer à la maison. Papa a affreusement mal à la tête, dit Al.

Betty tirait du four un plat de nouilles au gratin. Elle avait un visage las, tendu... un visage de vieille femme. Elle évitait de le regarder.

— Suzy a disparu. Les enfants te l'ont dit ? J'ai passé tout le quartier au peigne fin. J'ai fouillé partout, je t'assure.

— Bah, elle reviendra, dit-il. Elle est allée traîner, c'est tout. Elle reviendra, j'en suis sûr.

— Non, sérieusement, dit-elle en se retournant vers lui, les mains sur les hanches. Je crois qu'il s'agit d'autre chose. Peut-être qu'elle s'est fait écraser. Je voudrais que tu ailles faire le tour du quartier en voiture. Quand les enfants l'ont appelée hier soir, elle n'était déjà plus là. On ne l'a pas revue depuis. J'ai téléphoné à la fourrière, mais ils m'ont dit que toutes leurs camionnettes n'étaient pas encore rentrées. Je suis censée les rappeler demain matin.

Il passa dans la salle de bains, mais elle continua à discourir comme si de rien n'était. Il ouvrit les robinets du lavabo en se demandant si son erreur était aussi grave qu'elle le paraissait. Il avait l'estomac noué. Quand il arrêta l'eau, Betty parlait toujours. Il continua à fixer le lavabo d'un œil vide.

— Tu m'as entendu ? lui cria-t-elle. Je veux que tu prennes la voiture et que tu tâches de la retrouver aussitôt après avoir dîné. Les gosses peuvent venir avec toi, ils chercheront aussi... Al ?

— Oui, oui, dit-il.

— Quoi ? dit Betty. Qu'est-ce que tu as dit ?

— Je t'ai dit oui. Oui ! D'accord ! Tout ce que tu voudras ! Mais d'abord, laisse-moi faire ma toilette, tu veux ?

Elle l'observait depuis la cuisine.

— Mais enfin, qu'est-ce que tu as à te miner comme ça, bon Dieu ? Ce n'est quand même pas moi qui t'ai demandé d'aller te soûler hier soir. Si tu savais ce que j'en ai marre ! Pour tout te dire, j'ai passé une journée épouvantable. Alex m'a réveillée à cinq heures du matin pour se mettre au lit avec moi, en me disant que son papa ronflait tellement fort que... que tu lui fichais la *trouille*, voilà ! Tu étais vautré dans le salon, tout habillé, complètement dans le cirage, et ça cocottait drôlement, crois-moi. J'en ai ma claque, je t'assure !

Elle regarda rapidement autour d'elle, comme si elle cherchait un projectile.

Al ferma la porte d'un coup de pied. Il lui semblait que l'univers entier s'écroulait autour de lui. Pendant qu'il se rasait, il s'immobilisa, le rasoir suspendu dans l'air, et fixa son image dans la glace. Son visage était pâteux, informe. Il suait l'immoralité. Il reposa son rasoir. Cette fois, je me suis planté pour de bon. J'ai commis la plus grave erreur de ma vie. Il saisit le rasoir, le plaça contre sa gorge et acheva de se raser.

Il ne se doucha pas, ne se changea pas.

— Tu n'as qu'à me garder mon dîner au four, dit-il. Ou alors mets-le au frigo. J'y vais. Séance tenante, dit-il.

— Attends donc la fin du dîner que les enfants puissent venir avec toi.

— Non, tant pis. Les enfants n'ont qu'à dîner et ensuite ils pourront toujours explorer les environs. Moi, je n'ai pas faim, et il va bientôt faire nuit.

— Vous devenez tous fous, ou quoi ? dit Betty. Je ne sais pas ce qu'on va devenir. Je frise la dépression nerveuse. Je sens que je vais craquer. Qu'est-ce que les enfants vont devenir si je perds la raison ?

Elle s'effondra contre la paillasse de l'évier, le visage convulsé, les joues ruisselantes de larmes.

— De toute façon, tu ne les aimes pas ! Tu ne les as jamais aimés. Ce n'est pas pour la chienne que je m'en fais. C'est pour nous! Pour nous! Je sais bien que tu ne m'aimes plus — maudit salaud! —, mais tu pourrais au moins aimer les enfants!

— Betty, Betty! fit-il. Mon Dieu! s'écria-t-il. Tout ira bien, je te promets. Ne t'en fais pas. Je t'assure, tout va s'arranger. Je vais retrouver la chienne et tout ira bien, dit-il.

Il se précipita dehors, bondit du haut du perron et, comme les enfants venaient dans sa direction, il se dissimula derrière un buisson. Mary répétait : « Suzy, Suzy ! » d'une voix geignarde. Alex disait qu'elle était peut-être passée sous un train. Dès qu'ils furent entrés dans la maison, Al se coula jusqu'à la voiture.

Il pestait contre les feux rouges et râla comme un pou à cause du temps perdu lorsqu'il dut s'arrêter pour prendre de l'essence. Un soleil lourd et bas pesait sur les collines au fond de la vallée. Il lui restait une heure de jour à tout casser.

Il lui semblait qu'il avait foutu toute sa vie en l'air. Même s'il devait vivre cinquante années de plus (ce qui n'était guère probable), il ne se remettrait jamais d'avoir commis cette vilenie. S'il ne retrouvait pas la chienne, il était un homme fini. Un homme qui s'abaisse à se débarrasser d'une pauvre petite chienne n'est que la dernière des fripouilles. Une froide canaille, sans âme et sans scrupule.

Il se tortillait sur sa banquette et ne quittait pas des yeux le soleil blême et boursouflé qui sombrait peu à peu derrière les collines. La situation avait pris des proportions monstrueuses à présent, il le savait, mais il n'y pouvait rien. Il savait qu'il était indispensable qu'il retrouve la chienne, exactement comme il avait jugé indispensable de la perdre la veille au soir.

— Si quelqu'un devient fou, c'est moi, dit-il, et il s'approuva vigoureusement de la tête.

Cette fois-ci, il pénétra dans la rue en sens inverse, en passant d'abord devant le champ où il l'avait lâchée. Il était à l'affût du moindre mouvement.

— Pourvu qu'elle soit là, dit-il tout haut.

Il stoppa, explora le champ du regard, puis continua lentement sa route. Un break, moteur tournant au ralenti, était garé dans l'allée de la maison isolée. Au moment où Al le dépassait, une femme élégamment vêtue, chaussée d'escarpins à hauts talons, parut sur le seuil, accompagnée d'une petite fille. Elles le regardèrent avec curiosité. Il bifurqua à gauche un peu plus loin, écarquillant les yeux pour embrasser d'un même regard toute la rue et les jardins qui la bordaient de part et d'autre. Rien. Au coin de rue suivant, deux gamins étaient debout à côté d'une voiture à l'arrêt, leurs bicyclettes à la main.

Al s'arrêta à leur hauteur, les salua et leur demanda :

— Dites, les gars, vous n'auriez pas aperçu un petit chien blanc dans les parages? Tout blanc, avec des poils longs et touffus? J'en ai perdu un.

L'un des gamins se contenta de le dévisager, mais l'autre répondit :

— J'ai vu une bande de mioches qui s'amusaient avec un chien cet après-midi. Par là, vous voyez, cette rue là-bas ? Je n'ai pas vu quel genre de chien c'était, mais il m'a semblé qu'il était blanc. Il y avait tout un tas de petits mômes.

— Bon, eh bien, merci, dit Al. Merci infiniment, dit-il.

Arrivé au bout de la rue, il tourna à droite. Il s'appliquait à bien regarder devant lui. Le soleil s'était couché à présent, et il faisait presque nuit. Les maisons alignées au cordeau, les arbres, les pelouses, les poteaux téléphoniques, les voitures garées le long du trottoir lui donnaient une impression de sérénité sans mélange. Il entendit la voix d'un homme qui appelait ses enfants et vit la silhouette d'une femme en tablier qui s'encadrait dans la porte éclairée de sa maison.

— Est-ce que j'ai encore une chance ? dit-il tout haut.

Il s'aperçut qu'il avait les yeux pleins de larmes et en conçut un effarement sans borne. Il ne put se retenir de sourire de lui-même et sortit son mouchoir en secouant la tête. Sur quoi il aperçut une bande de gosses qui venaient dans sa direction. Il leur fit signe de s'approcher et leur demanda :

— Eh, les enfants, vous n'auriez pas vu un petit chien blanc ?

— Si, m'sieur, dit un des garçons. Pourquoi, il est à vous ?

Al fit oui de la tête.

— On le quitte à l'instant, dit l'enfant. On jouait avec lui dans le jardin de Terry. C'est là-bas, au bout de la rue.

Il lui désigna une maison du doigt.

— Vous avez des enfants ? interrogea l'une des fillettes.

— Oui, dit Al.

— Terry a dit qu'il allait le garder, dit le garçon. Il n'a pas de chien, expliqua-t-il.

— Je ne sais pas, dit Al, mais je ne crois pas que mes enfants seraient d'accord. Ce chien est à eux. C'est simplement qu'il s'est perdu, dit-il.

Il poursuivit sa route. Il faisait nuit à présent et il n'y voyait plus très bien. Sa panique le reprit et il se mit à se maudire intérieurement. Il s'en voulait d'être une telle girouette, passant sans arrêt d'un extrême à l'autre, jamais d'accord avec lui-même.

C'est alors qu'il vit la chienne. En fait, cela faisait déjà un moment qu'elle était entrée dans son champ de vision. Elle longeait une haie, lentement, le nez sur le gazon. Al sortit de la voiture, il entama la traversée de la pelouse, le buste penché en avant, en appelant : « Suzy, Suzy, Suzy ». En l'apercevant, la chienne se pétrifia sur place. Elle leva la tête vers lui. Il s'accroupit, étendit un bras devant lui et attendit. Ils étaient face à face. Suzy se mit à remuer la queue en signe de bienvenue. Elle se coucha, la tête entre ses pattes de devant, et le considéra. Il attendait. Elle se redressa, passa de l'autre côté de la haie et disparut.

Il resta là, assis sur les talons. En y réfléchissant, il s'aperçut qu'il ne se sentait pas si mal que ça. Après tout, le monde est plein de chiens. Mais il y a chien et chien. Et de certains chiens il n'y a décidément rien à tirer.

Traduction : François Lasquin

L'aspiration

J'étais sans travail, mais je devais recevoir des nouvelles du Nord incessamment. Allongé sur le canapé, j'écoutais le bruit de la pluie. De temps en temps, je me levais pour jeter un coup d'œil à travers le rideau, des fois que le facteur s'amènerait.

Mais la rue était vide, morte.

Je ne m'étais pas recouché depuis cinq minutes que j'ai entendu quelqu'un qui gravissait les marches du perron, faisait une brève pause, puis frappait. Je suis resté coi, sachant que ça ne pouvait être le facteur. Le facteur, je connaissais son pas. Quand on est chômeur, on n'est jamais trop circonspect. Les mises en demeure et les sommations pleuvent. Tantôt elles arrivent par la poste, tantôt on vous les glisse sous la porte. Y en a même qui viennent vous voir pour discuter, surtout si on n'a pas le téléphone.

On a frappé une deuxième fois, plus fort. Ça n'augurait rien de bon. Je me suis soulevé tout doucement et j'ai essayé de voir qui c'était. Mais mon visiteur se tenait tout contre la porte. Là aussi, c'était mauvais signe. Comme le parquet grinçait, je ne pouvais pas passer à côté pour regarder par l'autre fenêtre sous peine de me trahir.

On a frappé une troisième fois et j'ai crié : Qui c'est ?

Mon nom est Aubrey Bell, a fait une voix d'homme. Vous êtes Monsieur Slater ?

Qu'est-ce que vous voulez ? j'ai demandé sans quitter mon canapé.

J'ai quelque chose pour Madame Slater. Quelque chose qu'elle a gagné. Est-ce que Madame Slater est là ?

Madame Slater n'habite pas ici, ai-je dit.

Ah ! bon, mais vous êtes bien Monsieur Slater ? a dit l'homme. Monsieur Slater... et là, il a éternué.

Je me suis levé, j'ai tiré le verrou et j'ai entrebâillé la porte. C'était un vieux bonhomme ventripotent, engoncé dans un imperméable qui le faisait paraître encore plus gros. L'imper était trempé et dégouttait sur la grosse valise pansue qu'il tenait à la main.

Il a souri, a posé sa valise par terre et m'a tendu la main.

Aubrey Bell, il a annoncé.

Je ne vous connais pas, j'ai dit.

Madame Slater..., il a commencé. Madame Slater a rempli un questionnaire. Il a sorti de sa poche intérieure un paquet de petites cartes et il les a compulsées un moment. Madame Slater, il a lu, 255, Sixième Rue Est ? Vous voyez, Madame Slater figure bien au nombre des gagnants.

Il a ôté son chapeau et, avec un hochement de tête solennel, il en a frappé le flanc de son imper d'un geste qui semblait dire, tout est réglé, l'affaire est dans le sac, la course est finie, la ligne d'arrivée franchie.

Il attendait.

Madame Slater n'habite pas ici, j'ai dit. Elle a gagné quoi ? Je vais vous montrer, il a dit. Je peux entrer ?

Je sais pas, j'ai dit. Ça va prendre longtemps ? J'ai pas que ça à faire.

Très bien, il a dit. Mais permettez que je me défasse d'abord de cet imperméable. Et de mes caoutchoucs. Je m'en voudrais de cochonner votre moquette. Car je constate que vous avez une moquette, mon cher monsieur euh...

A la vue de la moquette, une brève lueur s'était allumée dans ses yeux. Il a frissonné, puis il a ôté son imper, l'a secoué et l'a accroché au bouton de la porte. Un portemanteau qui en vaut bien un autre, il a dit. Quel temps de chien, dites donc. Il s'est plié en deux pour dégrafer ses caoutchoucs. Il a tiré sa valise à l'intérieur de la pièce, il s'est déchaussé et il est entré. Sous les caoutchoucs, il était en pantoufles.

J'ai fermé la porte. Voyant que je reluquais ses pantoufles, il m'a dit : W. H. Auden avait des chaussons aux pieds quand il a débarqué en Chine pour la première fois et il ne les a pas quittés de tout le voyage. Les cors.

J'ai haussé les épaules et, après avoir jeté un dernier coup d'œil dans la rue pour voir si le facteur n'arrivait pas, j'ai refermé la porte pour de bon.

Aubrey Bell inspectait ma moquette. Une grimace lui fendait la bouche. Puis il s'est mis à rire. Il riait à gorge déployée, en agitant la tête.

Qu'est-ce qu'il y a de drôle ? j'ai demandé.

Rien, rien ! Oh ! Seigneur, il a fait, et il s'est remis à rire. Je crois que je débloque un peu. Je dois avoir de la fièvre. Il a porté une main à son front. Le chapeau avait laissé une marque circulaire à la naissance de ses cheveux, qui étaient collés contre son crâne. A votre avis, est-ce que je suis brûlant ? il a dit. Si ça se trouve, je suis vraiment fiévreux. Il fixait toujours la moquette. Vous n'auriez pas une aspirine ?

Mais qu'est-ce que vous avez ? j'ai dit. Vous n'allez pas être malade, dites donc. Je tiens pas à me retrouver avec un malade sur les bras. J'ai autre chose à faire, moi.

Il a fait un signe de dénégation, il s'est affalé sur le canapé et il s'est mis à gratter la moquette de la pointe d'une de ses pantoufles.

Je suis allé à la cuisine, j'ai rincé un verre et j'ai déniché un flacon d'aspirine dont j'ai fait tomber deux cachets.

Tenez, je lui ai dit. Et après, j'aimerais autant que vous partiez.

Est-ce que Madame Slater vous a autorisé à parler en son nom ? il m'a craché. Non, non, oubliez ça, je n'ai rien dit. Il s'est essuyé le visage, puis il a avalé son aspirine en promenant son regard sur la pièce nue. Ensuite il s'est penché en avant avec difficulté et il a débouclé les sangles qui retenaient sa grosse valise. La valise s'est ouverte en deux, révélant des compartiments qui abritaient un jeu complet de brosses, de tuyaux, de tubes chromés et une espèce de machine bleue, d'aspect pesant, montée sur de petites roulettes. Il a fixé sur ces objets un regard où se lisait comme de l'étonnement puis d'une voix basse et pleine de dévotion, il m'a demandé si je savais ce que c'était.

Je me suis approché. On dirait un aspirateur, mais je vous avertis tout de suite que je ne suis pas preneur, j'ai dit. Ne comptez pas sur moi pour vous acheter un aspirateur.

Je vais vous montrer quelque chose, il a dit. Il a sorti une petite carte de la poche de sa veste. Regardez, il m'a dit en me la tendant. Il n'a jamais été question que vous achetiez quoi que ce soit. Mais cette signature, là, vous voyez? C'est la signature de Madame Slater, oui ou non?

J'ai examiné la fiche. Je l'ai levée vers la lumière. Je l'ai retournée, mais le verso était vierge de toute inscription. Et alors? j'ai dit.

La carte de Madame Slater a été tirée au hasard dans une corbeille qui contenait des centaines d'autres cartes en tous points pareilles à celle-ci. Madame Slater est au nombre des heureux gagnants. Elle a gagné un nettoyage complet, avec shampouinage de moquette. Sans obligation de sa part. Je suis même supposé aspirer votre matelas, mon cher monsieur euh... Vous serez éberlué en voyant ce qui peut s'amasser dans un matelas au fil des mois, au fil des ans. Chaque jour, chaque nuit de notre vie nous perdons d'infimes parcelles de nous-mêmes, toutes sortes de menus résidus, de petites squames minuscules qui tombent de çà, de là. Et savez-vous où elles vont, ces petites miettes de nos êtres?

Eh bien, je vais vous le dire : elles traversent nos draps, s'incrustent dans nos matelas ! Et dans nos oreillers aussi, bien entendu.

Tout en parlant, il sortait des sections de tube chromé et les sertissait les unes dans les autres. Il a inséré le long tube ainsi obtenu dans le tuyau flexible. Il était à genoux. Il grognait. Il a fixé un suceur de forme triangulaire à l'extrémité du tube puis il a extirpé de la valise le machin bleu à roulettes.

Il m'a fait examiner le filtre avant de le mettre en place.

Vous avez une voiture ? il m'a demandé.

Non, je n'en ai pas, j'ai dit. Si j'en avais une, je vous emmènerais quelque part. Dommage, il a fait. Cette petite machine est équipée d'un cordon prolongateur de dix-huit mètres. Si vous aviez eu une automobile, nous aurions pu pousser notre petite machine jusqu'à elle et rien n'aurait été plus facile que de nettoyer l'épais tapis de sol et la soyeuse peluche de vos sièges inclinables. Vous seriez surpris de voir combien de petites miettes de nous-mêmes s'amassent au fil des ans dans ces luxueux tissus.

Monsieur Bell, je crois que vous feriez mieux de remballer votre bazar et de vous tirer, j'ai dit. Je vous dis cela sans aucune animosité.

Mais il était occupé à explorer la pièce des yeux, à la recherche d'une prise. Il en a trouvé une au pied du canapé. Le moteur a démarré avec une secousse brutale, en produisant un affreux bruit de casserole, comme s'il renfermait une bille ou en tout cas une pièce disjointe. Ensuite il s'est mis à ronronner régulièrement.

Rilke a été toute sa vie de château en château. Les mécènes ! Il parlait fort, pour couvrir le bourdonnement de l'aspirateur. Il ne montait qu'exceptionnellement à bord d'une automobile. Sa préférence allait aux trains. Et regardez Voltaire à Cirey, avec Mme du Châtelet. Son masque mortuaire. Quelle sérénité ! Il a levé la main droite comme si je m'apprêtais à le contredire. Non, non ce n'est pas vrai, n'est-ce pas ? Inutile de me le dire. Mais qui sait ? Sur quoi il a fait demi-tour et il s'est dirigé vers l'autre pièce en traînant sa machine derrière lui.

Il y avait un lit, une fenêtre. Sur le matelas, juste un drap et un oreiller. Le reste de la literie était par terre, en tas. Il a dépouillé l'oreiller de sa taie, puis il a arraché le drap d'un geste preste. Il a étudié le matelas et il m'a jeté un regard torve. Je suis allé chercher la chaise dans la cuisine, je l'ai posée dans l'encadrement de la porte, je me suis assis dessus et j'ai observé son manège. Après avoir placé le suceur contre sa paume pour s'assurer qu'il aspirait bien, il s'est baissé pour tourner un bouton sur le corps de l'aspirateur. Il faut le mettre à pleine puissance pour ce genre de boulot, il m'a dit. Il a vérifié une seconde fois la succion ensuite il a tiré le tube flexible jusqu'à la tête du lit et il a commencé à passer le suceur sur le matelas en descendant vers le bas. Le suceur tirait la toile à lui. Le moteur rugissait. Au bout de trois passages, il a arrêté la machine. Il a enfoncé un levier et le couvercle s'est soulevé. Il a décroché le filtre. Le filtre n'est là qu'à titre de démonstration, il m'a dit. En temps normal, tout ceci, toute cette *matière*, aboutirait dans le sac à poussière. Ici vous voyez ? Il a saisi un peu de matière poudreuse entre le pouce et l'index. Le filtre en contenait la valeur d'une tasse.

Il faisait une de ces têtes.

Ce matelas n'est pas le mien, j'ai dit. Je me suis penché en avant sur ma chaise en m'efforçant de prendre un air intéressé.

L'oreiller à présent, il a dit. Il a posé le filtre usagé sur l'appui de la fenêtre et il est resté un instant à regarder dehors avant de se retourner vers moi. Je vous demanderai de bien vouloir tenir cet oreiller pour moi, il m'a dit.

Je me suis levé et j'ai empoigné deux coins de l'oreiller. J'avais l'impression de tenir une bête par les oreilles.

Comme ça ? j'ai demandé.

Il a hoché affirmativement la tête, puis il est retourné dans l'autre pièce et en a ramené un deuxième filtre. Combien ça coûte, ces machins-là ? j'ai demandé.

Oh ! presque rien, il m'a dit. Ce n'est jamais que du papier et un petit bout de plastique. Ça ne peut pas coûter bien cher.

Il a actionné la commande de l'aspirateur du pied et je me suis cramponné à l'oreiller tandis que le suceur se déplaçait vers le bas en creusant un profond sillon. Il l'a passé trois fois, puis il a arrêté l'aspirateur. Il a retiré le filtre et il l'a levé sans mot dire. Après l'avoir posé sur l'appui de la fenêtre, à côté du premier, il a ouvert la porte de la penderie et il a jeté un coup d'œil à l'intérieur, mais elle ne contenait qu'un paquet de souricide.

J'ai entendu des pas sur le perron, puis le bruit de la boîte aux lettres qui s'ouvrait et se refermait avec un claquement. On s'est entreregardés.

Il a regagné l'autre pièce en tirant l'aspirateur avec lui et je lui ai emboîté le pas. La lettre était tombée sur le tapis, juste devant la porte, face contre terre.

On est restés figés un moment à la regarder, puis j'ai esquissé un pas dans sa direction. Mais avant de l'avoir atteinte, je me suis retourné et j'ai dit : Vous avez fini ? Il se fait tard. Cette moquette ne vaut pas la peine qu'on s'embête avec. Ce n'est même pas une vraie moquette, ce n'est qu'une chute de thibaude que j'ai achetée en solde. Vous cassez pas la tête pour ça.

Auriez-vous un cendrier plein ? il a dit. Une plante en pot, peut-être ? Une poignée de terre, ce serait l'idéal.

Je lui ai trouvé le cendrier. Il s'en est emparé, l'a retourné au-dessus de la moquette, a écrasé la cendre et les mégots sous sa pantoufle. Puis il s'est remis à genoux et il a mis en place un nouveau filtre. Il a ôté sa veste et l'a jetée sur le canapé. Il avait des auréoles de sueur sous les aisselles, et sa bedaine débordait au-dessus de sa ceinture. Il a dévissé le suceur et l'a remplacé par un embout rectangulaire. Il a réglé le disque de tension, il a mis l'aspirateur en marche en enfonçant le bouton du pied et il s'est mis à aller et venir sur la moquette usée. Il n'en finissait pas. A deux reprises, j'ai esquissé un mouvement en direction de la lettre. Mais on aurait dit qu'il devinait mes intentions et s'arrangeait pour me barrer la route avec ses tubes, son tuyau flexible, qui passaient et repassaient inlassablement devant moi.

J'ai ramené la chaise dans la cuisine et je me suis installé là pour le regarder opérer. Au bout d'un moment, il a arrêté sa machine, en a ouvert le couvercle et, en silence, m'a apporté le filtre bourré de cheveux, de poussières et d'autres infimes débris. Je l'ai examiné, puis je me suis levé et je suis allé le mettre à la poubelle.

Il a repris son labeur sans rien dire. Les explications, c'était fini. Il est entré dans la cuisine avec une bouteille qui contenait un ou deux décilitres de liquide vert. Il a placé la bouteille sous le robinet, l'a remplie.

Je ne peux rien vous payer, vous savez, je lui ai dit. Je ne pourrais pas vous donner un dollar, même si ma vie en dépendait. Il va falloir me passer par profits et pertes, voilà tout. Vous perdez votre temps avec moi.

Je voulais que tout soit bien clair. Qu'il n'y ait aucun malentendu.

Il a continué son manège. Il a placé un nouvel embout à l'extrémité du tuyau et a exécuté une manœuvre compliquée pour fixer sa bouteille à l'embout en question. Puis il a passé l'aspirateur sur la moquette. Il avançait lentement, en lâchant de temps à autre de courtes giclées de liquide émeraude qu'il faisait mousser à l'aide de sa brosse.

J'avais dit ce que j'avais sur le cœur. Je me sentais moins noué. Mollement avachi sur ma chaise de cuisine, je le regardais travailler. Par moments, je détachais mon regard de ce spectacle pour le poser sur la fenêtre. La pluie tombait régulièrement, et il commençait à faire nuit. Il a arrêté l'aspirateur. Il était dans un angle de la pièce, juste à coté de la porte d'entrée.

Vous voulez du café ? j'ai dit.

Il était hors d'haleine. Il s'est essuyé la figure.

J'ai mis de l'eau à chauffer et le temps qu'elle arrive à ébullition et que je l'ai versée dans les tasses, il avait démonté sa machine et rangé toutes les pièces dans sa valise. Ensuite, il a ramassé la lettre. Il a regardé à qui elle était adressée et il a soigneusement examiné le nom de l'expéditeur. Il a plié la lettre en deux et l'a fourrée dans sa poche revolver. Je ne le quittais pas des yeux, mais c'est tout. Je n'ai rien fait d'autre. Le café était déjà tiède.

C'est pour un certain Monsieur Slater, il a dit. Je m'en charge. Puis il a ajouté : Pour le café, vous m'excuserez. J'aime autant ne pas marcher sur cette moquette. Je viens juste de la shampouiner.

Oui, c'est vrai, j'ai dit. Ensuite j'ai dit : Vous êtes sûr que la lettre est bien à ce nom-là ?

Il a récupéré sa veste sur le canapé, l'a enfilée et a ouvert la porte. Il pleuvait toujours. Il a glissé ses pieds dans les caoutchoucs, les a attachés, a enfilé son imperméable. Ensuite il s'est retourné vers moi.

Vous voulez la voir ? il a dit. Vous n'avez pas confiance en moi ?

C'est juste que ça me paraît bizarre, j'ai dit.

Bon, il faut que je me sauve, il m'a dit. Mais il n'a pas bougé. Alors, vous le prenez, cet aspirateur ?

J'ai regardé la grosse valise, bouclée et prête pour le départ.

Non, j'ai dit. J'aime mieux pas. Je dois déménager sous peu. Il ne ferait que m'encombrer.

Très bien, il a fait avant de tirer la porte derrière lui.

Traduction : François Lasquin

Dites aux femmes qu'on va faire un tour

Bill Jamison avait toujours été le meilleur ami de Jerry Roberts et vice versa. Ils avaient grandi ensemble dans un quartier du sud, près des terrains de foire, étudié à la même école préparatoire, au même lycée, puis au même institut technique Eisenhower, où ils suivaient, dans la mesure du possible, les mêmes cours. Ils échangeaient leurs chemises, leurs pulls et leurs pantalons à pinces. Ils sortaient avec les mêmes filles et parfois se les repassaient, prenant ce qui se présentait sans se compliquer la vie.

L'été, ils partaient ensemble cueillir des pêches, des cerises, du houblon, n'importe quoi pourvu qu'ils se fassent un peu d'argent sans avoir un patron sur le dos. Et c'est ensemble encore qu'ils achetèrent une auto. Durant l'été de leur dernière année d'études, ils réunirent leurs quatre sous pour acquérir une Plymouth rouge, le modèle 1954, pour 325 dollars.

Ils l'utilisaient à tour de rôle. C'était une bonne bagnole.

Mais Jerry se maria avant la fin du premier semestre

et abandonna ses études pour travailler à plein temps au supermarché Robby.

Bill avait « fréquenté » lui aussi la future mariée. Elle se nommait Carol et formait un chouette couple avec Jerry. Bill se rendait chez eux à chaque occasion. Il avait l'impression d'avoir vieilli en se retrouvant avec des amis mariés. Il allait les voir pour déjeuner ou pour dîner, et ils écoutaient ensemble des disques d'Elvis ou de Bill Haley et les Comets.

Mais parfois Carol et Jerry commençaient à s'exciter, juste sous le nez de Bill, qui devait alors se lever, prendre congé sous un prétexte quelconque et partir se balader jusqu'à la station-service où il se payait un Coke ; car il n'y avait qu'un lit dans l'appartement, un divan convertible qu'on dépliait dans le salon. D'autres fois, Jerry et Carol se précipitaient dans la salle de bains et Bill était forcé de se réfugier dans la cuisine où il feignait de s'intéresser au buffet, au réfrigérateur, en essayant de ne pas écouter.

Ses visites devinrent donc moins fréquentes. En juin, il termina ses études, entra à la laiterie Darygold et s'enrôla dans la Garde nationale. Au bout d'un an, il effectuait sa propre tournée de lait et sortait régulièrement avec Linda. Bientôt, Bill et Linda prirent l'habitude d'aller boire des bières et écouter des disques chez Jerry et Carol.

Carol et Linda devinrent amies. Bill fut flatté lorsque Carol lui dit en confidence que Linda était « vraiment quelqu'un ».

Jerry appréciait Linda, lui aussi.

— Elle est super, déclara-t-il à Bill.

Et quand Bill et Linda se marièrent, Jerry fut leur témoin. La réception eu évidemment lieu à l'hôtel Donnelly. Ensemble, Bill et Jerry découpèrent le gâteau, puis, leurs bras se croisant, ils s'envoyèrent des rasades de punch épicé. Mais à un moment, au milieu de toute cette joie, Bill regarda Jerry et pensa qu'il avait l'air vieux, bien plus vieux que ses vingt-deux ans. A l'époque, il était l'heureux père de deux enfants, Carol lui en préparait un troisième, et il avait été promu directeur-adjoint chez Robby.

Les deux couples se voyaient tous les samedis et dimanches, plus souvent encore pendant les vacances. Quand il faisait beau, on allait chez Jerry cuire des saucisses sur le barbecue du jardin tandis que les enfants s'ébattaient dans le petit bassin que, comme tant d'autres choses, Jerry avait acheté pour trois fois rien à son supermarché.

Il avait une jolie maison, sur la colline, face à la rivière Naches. Les autres villas du coin se trouvaient à bonne distance. Oui, Jerry s'en tirait bien. Quand Bill et Linda se réunissaient avec Jerry et Carol, c'était toujours chez Jerry parce qu'il avait un barbecue, une collection de disques et trop de gosses à transporter.

Ce fut donc chez Jerry que l'affaire commença un dimanche.

Les femmes se trouvaient dans la cuisine, en train de ranger. Les filles de Jerry jouaient dans le jardin avec une balle en plastique qu'elles envoyaient dans le bassin où elles sautaient, en hurlant de rire, pour la repêcher.

Assis sur des chaises longues, dans le patio, Bill et Jerry se reposaient en buvant des bières.

C'était Bill qui faisait presque toute la conversation. Il parlait des gens qu'ils connaissaient tous les deux, de la laiterie Darygold, de la Pontiac Catalina à quatre portes qu'il envisageait d'acheter.

Jerry gardait les yeux fixés sur la corde à linge ou sur sa Chevrolet à toit ouvrant, modèle 68, à l'entrée du garage. A le voir ainsi regarder les choses sans presque prononcer un mot, Bill pensait que son ami était devenu bien grave.

— Tu as un problème, mon vieux ? Tu vois ce que je veux dire, demanda-t-il en se redressant sur sa chaise longue pour allumer une cigarette.

Jerry acheva sa bière, écrasa la boîte et haussa les épaules.

— Tu sais ce que c'est, murmura-t-il.

Bill hocha la tête.

— Et si on allait se balader ? suggéra Jerry.

— Ça me paraît une bonne idée, répondit Bill. J'avertis les femmes qu'on va faire un tour.

Ils prirent la nationale qui suivait la Naches jusqu'à Gleed. Jerry tenait le volant. C'était une belle journée ensoleillée ; un léger vent soufflait par les vitres.

— Où va-t-on ? demanda Bill.

— Si on se tapait un petit billard ?

— D'accord.

Bill se sentait infiniment mieux depuis que le visage de Jerry s'était ranimé.

— Un type a besoin de sortir de chez lui, remarqua Jerry. Tu vois ce que je veux dire.

Oui, Bill voyait. Pour sa part, il avait plaisir à se rendre au bowling le vendredi soir, avec des collègues de la laiterie. Et après le travail, deux fois par semaine, il aimait aller boire quelques bières avec Jack Broderick. Il savait bien qu'il faut qu'un type sorte de chez lui.

— La baraque est toujours debout, constata Jerry en remontant l'allée qui conduisait au centre de loisirs.

Ils entrèrent. Bill tint la porte pour Jerry qui, au passage, le frappa légèrement à l'estomac.

— Salut les gars ! lança la voix de Riley. Alors, les potes, qu'est-ce que vous fabriquez ?

Et Riley, souriant, contourna son comptoir pour s'approcher d'eux. C'était un homme épais dont la chemise hawaiienne à manches courtes flottait au-dessus de ses jeans.

— Que faites-vous de bon ? insista-t-il.

— Économise ta salive et sers-nous deux bières, des Olys, dit Jerry en clignant de l'œil à Bill. Et toi, la santé, ça va toujours ?

— Qu'est-ce que vous étiez devenus les gars ? reprit Riley. Où aviez-vous disparu ? Vous ne fricoteriez pas quelque chose avec une poulette ? La dernière fois que je t'ai vu, Jerry, ta mère était morte depuis six mois.

Un instant, Jerry garda le silence, ses paupières battirent. Bill intervint :

— Et alors, nos Olys, c'est pour quand ?

Jerry et lui s'étaient perchés sur deux tabourets près de la fenêtre.

— Dis donc, Riley, quel genre de boîtes tu tiens ? s'étonna Jerry. Pas une seule fille un dimanche après-midi !

— Elles sont toutes à l'église en train de prier pour ce que je pense, expliqua Riley en riant.

Bill et Jerry burent cinq boîtes de bière, après quoi ils firent, à tour de rôle, des séries de points au billard. Assis sur un tabouret, Riley observait le jeu. Bill ne cessait de consulter sa montre et de regarder Jerry. A la fin, il demanda :

— Bon, eh bien, qu'en penses-tu, Jerry ? Je veux dire... qu'est-ce que tu proposes ?

Jerry vida les dernières gouttes de la boîte, l'écrasa et réfléchit en la tournant et retournant dans sa main.

Revenu sur la nationale, Jerry mit un peu de jus, poussant des petites pointes à 120, 140. Ils venaient de dépasser un vieux camion chargé de meubles quand ils aperçurent les deux filles.

— Vise-moi ça, s'exclama Jerry en ralentissant. Je me les enverrais bien.

Il roula encore un peu plus d'un kilomètre, puis se rangea sur le côté.

— Retournons, proposa-t-il. On peut toujours essayer.

— Bon Dieu, je n'en suis pas sûr, dit Bill.

— Je me les enverrais bien, répéta Jerry

— Ouais... mais moi, je ne sais pas trop.

— Pour l'amour du ciel ! s'énerva Jerry.

Bill jeta un coup d'œil à sa montre, puis autour de lui et déclara :

— Tu te charges du baratin. Moi, je suis rouillé.

Jerry klaxonna en faisant demi-tour.

En arrivant à la hauteur voulue, il ralentit et la voiture monta sur l'accotement, juste devant les filles qui roulaient à vélo. Elles échangèrent un regard et rirent. Celle qui pédalait au milieu de la route était brune, grande et svelte ; l'autre était plus petite, avec des cheveux plus clairs. Toutes deux portaient des shorts et des débardeurs.

— Ah ! les garces ! grommela Jerry en laissant passer les voitures avant d'exécuter un nouveau virage en U. Je m'occupe de la brunette. La petite est pour toi.

Bill s'adossa au siège et frotta la monture de ses lunettes de soleil.

— Elles ne voudront pas, affirma-t-il.

— Attention, tu vas les avoir de ton côté, l'avertit Jerry.

La voiture traversa la route et fit marche arrière.

— Tu es prêt ?

— Salut, cria Bill aux filles qui approchaient en vélo. Je m'appelle Bill.

— Joli nom, dit la brunette.

— Et où allez-vous comme ça ? demanda Bill.

Les filles ne répondirent pas. La petite eut un léger rire. Elles continuèrent à rouler sur leur vélo et Jerry à les suivre.

— Allons, reprit Bill. Où allez-vous ?

— Nulle part, déclara la petite.

— Et où est-ce, nulle part ?

— Vous voudriez bien le savoir, hein ? riposta la petite.

— Je vous ai dit mon nom. Et vous, comment vous appelez-vous ? Mon copain, c'est Jerry.

Une fois encore les filles échangèrent un regard et rirent. Une voiture qui arrivait derrière eux corna.

— La ferme ! lança Jerry.

Il accéléra un peu et se rangea pour laisser le passage. Puis il ralentit et se retrouva à nouveau à côté des filles.

— On vous emmène, suggéra Bill. On vous conduit où vous voulez. Promis ! Vous devez être fatiguées de pédaler comme ça. En tout cas, vous en avez l'air. Trop d'exercice ne fait de bien à personne. Surtout pas à des filles.

Les filles rirent.

— D'accord ? ajouta Bill. Et maintenant, dites-moi vos noms.

— Moi, c'est Barbara et ma copine, c'est Sharon, dit la petite.

— Bravo, murmura Jerry. A présent, essaie de découvrir où elles vont.

— Et où allez-vous, les filles ? Hein, Barb' ?

Mais la petite se contenta de rire en répondant :

— Nulle part. Juste en bas de la route.

— Où cela, en bas de la route ?

La petite s'adressa à la grande.

— Je leur dis ?

— Comme tu veux. Moi, je m'en moque. De toute façon, moi, je ne vais nulle part avec personne, prétendit celle qui se nommait Sharon.

— Où allez-vous ? s'obstina Bill. Au Rocher Peint, je parie.

Les filles pouffèrent.

— C'est ça, tu as deviné, constata Jerry.

Il poussa un peu l'accélérateur et monta sur l'accotement de sorte qu'il avait maintenant les filles de son côté.

— Ne soyez pas si timides, leur lança-t-il. Venez donc ! Maintenant qu'on a fait les présentations.

Mais, comme si de rien n'était, les filles le dépassèrent en pédalant.

— Je ne vous mangerai pas, cria Jerry.

La brunette se retourna pour lui envoyer un regard et il eut l'impression qu'il avait fait une touche. Mais avec les filles, on n'est jamais sûr.

Il redescendit à fond la caisse sur la route. La terre et les graviers volèrent sous ses pneus.

— On se reverra ! hurla Bill aux filles qu'ils dépassèrent à toute vitesse.

— C'est dans la poche, affirma Jerry. Tu as vu comment cette petite conne m'a regardé ?

— Je n'en sais trop rien, dit Bill. Peut-être qu'il vaudrait mieux rentrer chez nous.

— Allons donc, c'est du tout cuit, répliqua Jerry.

Il quitta la route pour se ranger sous les arbres. La

nationale se divisait ici, au Rocher Peint, en deux voies qui allaient l'une à Yakima, l'autre à Naches, Enumclaw, au col de Chinook et à Seattle.

A moins de cent mètres de la route, se dressait un gros rocher noir et escarpé, à l'avant-poste d'une rangée de collines qui fourmillaient de sentiers et de grottes. Ici et là, on distinguait des dessins indiens sur la pierre. Sur la face abrupte qui dominait la nationale, on déchiffrait des messages tels que : « *Naches 67 — Un bonjour des chats sauvages — Jésus est notre sauveur — Ecrasons Yakima — Repentez-vous.* »

Assis dans la voiture, Jerry et Bill fumaient des cigarettes. Des moustiques entrés par les vitres essayaient de leur piquer les mains.

— J'aimerais bien me taper une bière maintenant, dit Jerry. Oui, qu'est-ce que je ne donnerais pas pour une bière !

— Moi aussi, soupira Bill en regardant sa montre.

Dès que les filles furent en vue, ils sortirent de l'auto et s'appuyèrent sur le pare-chocs avant.

— N'oublie pas, dit Jerry. La brune est pour moi, tu as l'autre.

Les filles déposèrent leurs vélos sur le sol et s'engagèrent dans un sentier. Elles disparurent au tournant, puis réapparurent un peu plus haut. Debout, côte à côte, elles regardèrent en bas.

— Alors, les gars, vous nous suiviez ? lança la brunette.

Sans un mot, Jerry commença à monter le sentier.

Les filles tournèrent les talons et s'éloignèrent au petit trot.

D'un pas égal, Jerry et Bill continuèrent à gravir le raidillon. Bill qui fumait une cigarette s'interrompait à chaque instant pour en tirer une bonne bouffée. A un lacet, il s'arrêta, regarda derrière lui et aperçut l'auto.

— Magne-toi, lui ordonna Jerry.

— J'arrive.

Ils poursuivirent la montée. Mais Bill, hors d'haleine, dut faire halte. A présent, il ne distinguait plus ni l'auto ni la nationale. A sa gauche, tout au fond de la vallée, il voyait un morceau de la Naches qui brillait comme un ruban d'aluminium.

— Tu prends à droite, moi je vais tout droit, décida Jerry. On va leur couper la route à ces petites allumeuses.

Bill hocha la tête. Il n'avait plus de souffle.

Il monta encore un moment, puis le sentier commença à descendre en tournant vers la vallée. Bill regarda autour de lui et découvrit les filles accroupies derrière un taillis. Peut-être qu'elles souriaient.

Bill prit une cigarette, mais il ne parvint pas à l'allumer. A cet instant, Jerry surgit. Ensuite, plus rien n'eut d'importance.

Bill avait seulement eu envie de tirer un coup ou, même, il se serait contenté de voir les filles nues. Et si rien n'avait marché, il se serait fait une raison.

Jamais il ne sut ce que Jerry avait en tête. Mais tout tenait, du début jusqu'à la fin, en un morceau de rocher, le même pour les deux filles, qui atteignit d'abord la nommée Sharon, puis celle que Jerry avait attribuée à Bill.

Traduction : Gabrielle Rolin

Citronnade

Quand il vint à la maison voilà des mois mesurer
mes murs pour installer des bibliothèques, Jim
[Sears n'avait pas l'air d'un homme
à perdre son seul enfant dans les hautes eaux
de l'Elwha. Les cheveux en broussaille, sûr de soi,
faisant craquer ses phalanges, il débordait
[d'énergie tandis que nous
discutions étagères, tasseaux, telle nuance de chêne
comparée à telle autre. Mais c'est une petite ville,
[ma ville,
un petit monde, ici. Six mois plus tard, après que
[les bibliothèques
eurent été fabriquées, livrées et installées, le père
de Jim, un Monsieur Howard Sears, qui « s'occupe
[des affaires de son fils »
vient repeindre notre maison. Il me dit — quand
[je demande, plutôt
par simple courtoisie villageoise, « Comment va Jim ? » —
que son fils a perdu Jim Jr. dans la rivière, au
[printemps dernier.

Jim se le reproche, il s'estime responsable. « Il arrive
[pas à s'en remettre,
d'ailleurs », ajoute Monsieur Sears. « Peut-être qu'il
[en perd
un peu les pédales aussi », ajoute-t-il, tirant sur la visière
de sa casquette Sherwin-Williams.
Jim avait dû regarder de bout en bout quand
[l'hélicoptère
avait récupéré, puis hissé, le corps de son fils hors
[de la rivière
avec des pinces. « Ils se sont servis d'une espèce
[de grosse pince à sucre
pour faire ça, si vous voyez ce que je veux dire.
[Au bout d'un câble. Mais Dieu reprend
toujours les plus gentils, n'est-ce pas ? » dit
[Monsieur Sears. « Il a
Ses raisons qui sont mystérieuses. » « Mais vous,
[qu'en pensez-vous ? »
Voilà ce dont je m'enquiers. « Je ne veux pas penser »,
[dit-il, « Nous
n'avons pas à remettre en question les voies
[du Seigneur. Cela ne nous regarde pas.
Tout ce que je sais, c'est qu'Il l'a rappelé à Lui,
[maintenant, notre petit. »
Il me dit ensuite que la femme de Jim Sr. l'a emmené
[dans treize pays
étrangers en Europe dans l'espoir que ça l'aiderait
[à surmonter ça. Mais
non. Il ne pouvait pas. « Mission inaccomplie »,
[dit Howard.

Jim a la maladie de Parkinson maintenant. Où ça va
[s'arrêter?
Il est rentré d'Europe, mais s'en veut toujours autant
d'avoir renvoyé Jim Jr. à la voiture, ce matin-là,
[pour chercher
le thermos de citronnade. Ils n'avaient pas besoin
[de citronnade
ce jour-là! Seigneur, seigneur, à quoi pouvait-il bien
[penser, a dit Jim Sr.
une centaine — non, un millier — de fois désormais,
[et à quiconque veut bien
encore l'écouter. Si seulement il n'avait pas fait
[de citronnade, d'abord,
ce matin-là! A quoi pouvait-il bien penser?
Et encore, s'ils ne s'étaient pas arrêtés la veille au soir
[au Safeway, et
s'il n'y avait pas eu ce présentoir de citrons jaunissants
[à côté de là où
ils mettaient les oranges, les pommes, les
[pamplemousses et les bananes.
C'était ça que Jim Sr. avait l'intention d'acheter,
[des oranges
et des pommes, pas des citrons pour la citronnade,
[pas de citrons, il détestait
les citrons — maintenant, en tout cas — mais Jim Jr.,
[il aimait la citronnade,
depuis toujours. Il voulait de la citronnade.

«Parce que tout de même», répétait Jim Sr.,
[«ces citrons

fallait bien qu'ils viennent de quelque part, non?
[Imperial Valley,
probablement, ou alors là-bas du côté de Sacramento,
[ils font des citrons
là-bas, non?» Il avait bien fallu les planter et
[les irriguer et
les surveiller et puis les faire mettre en sac par
[des ouvriers agricoles et
les peser et puis les fourrer dans des cartons
[et les expédier par le rail ou
par camion jusque dans ce bled oublié de Dieu où
[on ne peut rien faire d'autre
que de perdre ses enfants! Ces cartons avaient
[forcément été déchargés
du camion par des gamins pas beaucoup plus vieux
[que Jim Jr. lui-même.
Puis il avait fallu qu'ils les déballent et
[les déversent tout jaunes et
sentant le citron hors de leurs cartons, ces gamins,
[pour qu'ils soient lavés
et traités au pulvérisateur par un gosse qui était
[encore vivant, qui se promenait en ville,
qui vivait et respirait, tout son soûl. Puis on les avait
[transportés
dans le magasin et placés dans ce présentoir
[sous cet écriteau qui tirait l'œil
et disait Votre Dernière Citronnade Fraîche,
[C'Était Quand? Pour Jim Sr.
dans son raisonnement, ça remonte comme ça tout
[du long jusqu'aux causes premières, jusqu'au

premier citron cultivé sur la terre. S'il n'y avait
[pas eu de citrons
sur la terre, et s'il n'y avait pas eu de supermarché
[Safeway, eh bien, Jim aurait
encore son fils, non ? Et Howard Sears aurait encore son
petit-fils, c'est sûr. Vous voyez, des tas de gens
[ont été mêlés
à cette tragédie. Il y avait les paysans et
[les cueilleurs de citrons,
les routiers, le grand magasin Safeway... Jim Sr.,
[aussi, il était
prêt
à assumer sa part de responsabilité, évidemment.
[Il était le plus
coupable de tous. Mais il n'en sortait pas, il tombait
[de plus en plus bas, Howard Sears
me le dit. Quand même, il fallait qu'il s'en sorte
[d'une manière ou d'une autre pour continuer.
Ça brisait le cœur de tout le monde, d'accord.
[Mais tout de même.

Il y a quelque temps, la femme de Jim Sr. l'a fait
[inscrire dans un petit
atelier de sculpture sur bois ici en ville. Maintenant
[il s'efforce de tailler des ours
et des phoques, des chouettes, des aigles,
[des mouettes, ce qu'on voudra, mais
il est incapable de s'en tenir à une créature donnée
[assez longtemps pour achever
le travail, c'est ce qu'affirme Monsieur Sears.
[L'ennui, poursuit

Howard Sears, c'est que chaque fois que Jim Sr.
[lève les yeux de son tour, ou de son
ciseau, il voit son fils surgissant de l'eau dans la rivière,
et s'élevant — comme accroché à une ligne et ramené
[au moulinet, pour ainsi dire —, se mettant
[à tourner et
tourner en cercles, de plus en plus haut, bien
[plus haut que les sapins, les pinces
lui sortant du dos, et puis l'hélico virant pour
[remonter
la rivière, accompagné du rugissement et
[du flap-flap des
pales du rotor. Jim Jr. passe maintenant au-dessus
[des sauveteurs qui
sont alignés le long de la berge de la rivière. Il a
[les bras écartés
et des gouttes d'eau pleuvent de lui. Il passe là-haut
[encore une fois,
plus près maintenant, et puis revient une minute
[plus tard pour être déposé, tout,
tout doucement posé, directement aux pieds de
[son père. Un homme
qui, ayant tout vu désormais — son fils mort s'élever
[de la rivière
dans les serres d'une pince de métal et tourner,
[tourner en cercles volant
par-dessus la cîme des arbres —, ne voudrait rien plus
[à présent que
simplement mourir. Mais la mort est pour les plus
[gentils. Et il se rappelle

la douceur, quand la vie était douce, et que gentiment il avait reçu cette autre vie.

Traduction : Jean-Pierre Carasso

Table

Note de l'éditeur

IMPRESSION : BUSSIÈRE CAMEDAN IMPRIMERIES
À SAINT-AMAND (CHER)
DÉPÔT LÉGAL : MAI 1996. N° 101 (4/321)